Linde von Keyserlingk

Neue Wurzeln für kleine Menschen

Linde von Keyserlingk

Neue Wurzeln für kleine Menschen

Von Trennungen und Neuanfängen

Herder Freiburg · Basel · Wien

Einbandillustration: Pablo Picasso, Kind mit Spielzeug, 1923
© Succession Picasso/VG Bild-Kunst, Bonn 1997

Alle Rechte vorbehalten – Printed in Germany
© Verlag Herder Freiburg im Breisgau 1998
Satz: Barbara Herrmann, Freiburg
Druck und Bindung: Freiburger Graphische Betriebe 1998
ISBN 3-451-26468-4

Inhalt

Sich um die Eltern sorgen müssen

Den andern Elternteil besuchen

In einer Patchworkfamilie leben

Wie Herzen heilen

Ein neuer Anfang

Langsam entdeckte ich das Geheimnis meiner Kunst.
Es ist das Meditieren über die Natur,
über das Sichtbarmachen eines Traums, –
eines Traums, der immer von der Wirklichkeit
angeregt wird.   (Henri Matisse)

Die Gestaltung von Wirklichkeiten

(Einleitung)

Die Geschichten dieses Buches sind für Kinderseelen, die zu plötzlich von Veränderungen in ihrer kleinen Welt überrumpelt werden. Obwohl die Geschichten meist äußere Begebenheiten schildern, sind es doch „Binnengeschichten". Sie sollen dazu dienen, uns selbst und den Kindern erklärlich zu machen, was da geschieht; auch, wie man den Schock in einen langsamen Veränderungsprozeß verwandeln kann, in dem alle Beteiligten einen Sinn erkennen.

Zuhause ist da, wo wir unser Leben begonnen haben, sagt Winnicott. In den ersten Jahren unseres Lebens formen und zeichnen wir unser inneres Bild von der Welt, in der wir leben. Zuerst halten wir uns für den Mittelpunkt dieser Welt, später immerhin noch für ihren König oder ihre Königin (manchmal mißachtet). Wir fertigen uns eine innere Landkarte an, ausgerichtet nach einem Koordinatensystem von Werten und versehen mit dem Siegel unseres Königreiches. „Ich in meiner Welt."

Alles, was uns später widerfährt, messen wir an dieser ersten Landkarte. Ist es besser, schlechter, ähnlich, falsch, zu mir gehörig oder nicht? Möchte ich dieses neue Gebiet, dieses bisher „unerforschte Land", meiner Landkarte hinzufügen oder es als „falsch" abweisen? Dies ist für Scheidungskinder besonders relevant.

Auch äußere Ortsidentität ist wichtig. Im Verhältnis zu meiner Umgebung erkenne ich mein Wachstum. Je länger ich an einem Ort bin, um so besser kann ich mich orten. Wir sind zwar heute durch das Fliegen an rasante Ortswechsel gewöhnt, aber es macht uns nur scheinbar nichts aus. Unsere Seele kommt sozusagen immer etwas später an, und wir bleiben wach, um sie zu erwarten. Auch die wachsende Migration und erzwungene Mobilität hat seelische Folgen, die wenig in Betracht gezogen werden.

Dennoch ist die Fähigkeit, den Ort zu wechseln und trotzdem man selbst zu bleiben, für ein gesundes Wachstum nötig. Die Zugehörigkeitsmerkmale meiner Umgebung, durch die ich mich definiere, erweitern sich ja. Zuerst ist es Mutters Schoß, dann, wenn ich laufen kann, ist es das Haus, die Straße, der Ort, die Gegend, mein Land, mein Erdteil, mein Planet Erde. Die Durchschnittsgeschwindigkeit eines laufenden Menschen liegt zwischen zwei und vier Kilometern pro Stunde. Nur langsam verändert sich dabei der Horizont, läßt lange noch etwas vom Altbekannten bestehen.

Vielleicht liebt die Seele auch keine schnelleren Veränderungen. Vielleicht braucht auch sie eine langsame Verschiebung des Horizonts. Gleichzeitig beherbergt sie aber auch den sehnlichen

Wunsch jedes Menschen, jedes Kindes, „über den Horizont hinauszureichen", zu sehen, was hinter den Bergen ist. Darum faszinieren uns die Geschichten der Forscher, Abenteurer und Entdecker, die „Heldengeschichten". Dies ist der immerwährende Kampf zwischen unserem Wunsch nach Wurzeln und dem Wunsch nach Flügeln. Von Scheidungskindern wird oft erwartet, daß sie schon Flügel entfalten, während sie noch mit Wurzelbildung beschäftigt sind.

Wir können Trennung und Scheidung meist nicht verhindern, sondern müssen sie als einen Problemlösungsversuch anerkennen. Daß dieser Versuch aber auch das gewünschte Resultat bringt, dazu können wir viel beitragen. Vorverurteilung ist hier nicht am Platz, ebensowenig, wie nach einem Schuldigen zu suchen oder Beschuldigungen anzuhören. Es gibt mittlerweile viele gute Bücher zum Thema und zur Statistik von Scheidung, sowie zu den sozio-kulturellen Veränderungen, die zu den hohen Scheidungsraten in unserer Gesellschaft beigetragen haben. Dieses Buch ist den inneren Vorgängen, Sichtweisen und Deutungsmöglichkeiten von Kindern gewidmet, die als einzige in diesem Prozeß nichts zu sagen haben (auch nichts sagen könnten außer „nein") und so am empfindlichsten getroffen werden. Sie haben ein Recht auf die Unterstützung – und nicht nur auf das Bedauern – aller Erwachsener, die zu ihrem Lebensbereich gehören.

Es ist für Kinder hilfreich, das Ereignis der Scheidung nicht als plötzlichen und endgültigen Abbruch ihres bisherigen Lebens zu erleben, sondern als einen, wenn auch traurigen Teil einer Lebensgeschichte, die lange vorher begonnen hat und noch weit in die Zukunft hineinreichen wird. Jedes Leben ist eine Geschichte, und die Menschen sind die Geschichtenerzähler.

Man kann eine Geschichte als Kette von Niederlagen und Ungerechtigkeiten erzählen. Man kann aber auch eine Heldengeschichte daraus machen, in der ein kleiner Held es trotz widrigster Umstände geschafft hat, „bis hierher zu kommen".

Und nun bekommt er auch noch einen Zauberspruch oder Zaubergegenstand mit auf den Weg.

Damit sich Kinder nicht als hilfloses Opfer in einer unglücklichen Welt empfinden müssen, ist es sehr wichtig, daß wir ihre Ich-Identität stärken und ihnen ihre Handlungsfähigkeit bewußt machen. Davon handeln viele Geschichten dieses Buches.

Mehr als wir glauben wollen, übernehmen Kinder auch Sorge und Verantwortung für ihre Eltern und versuchen auf ihre Art, diesen zu helfen. Sie merken, daß die Eltern ihre „Landkarte" oder ihren „Schutzengel" verloren haben, und geben sich große Mühe, sie auf magische Weise zu beschützen. Aber während sie das tun, vergeht unwiederbringlich die Zeit ihrer eigenen Kindheit, die sie selbst zum altersgemäßen Leben und Lernen brauchen. Diesen Kindern sollten wir ihre schwere Aufgabe abnehmen oder erleichtern. Sie sind aber nur bereit, sich darauf einzulassen, wenn sie das Gefühl bekommen, ihre Hilfe wird nicht mehr benötigt.

Einige Kinder sind durch die Plötzlichkeit des Geschehens völlig aus der Bahn geworfen. Sie haben das Gefühl, daß sich niemand je um sie kümmern wird, wenn sie sich nicht bemerkbar machen. Wie aber kann sich ein Kind erfolgreich bemerkbar machen? Durch unangepaßtes Verhalten und schwerwiegende Krankheit. Da ist es dann wichtig, diese Störungen nicht nur beheben zu wollen, sondern ihren Symbolgehalt zu verstehen und die bange Frage zu beantworten: Bin ich noch richtig? Werde ich noch geliebt?

Wenn erwachsene Kinder ihre Eltern besuchen, so ist das normal. Wenn aber kleine Kinder einen Elternteil besuchen sollen, der vorher alle Tage bei ihnen war, dann ist das merkwürdig und für alle Beteiligten ungewohnt. Es tut gut, das auch so zu benennen und sich gegenseitig das Fehlermachen zuzugestehen. Noch schwieriger wird es, wenn ein Kind den noch unbekannten Elternteil zum ersten Mal besucht. Dennoch ist es für jedes Kind wichtig, daß beide Eltern reale Personen in ihrem Leben bleiben und nicht zu magischen und nebelhaften Gestalten werden. Sonst fühlen Kinder sich oft nur „halb".

Kinder, die in eine Stieffamilie hineinkommen, haben es besonders schwer, denn sie müssen zweimal ihre Vorstellung von „richtiger Familie" ändern. Sie brauchen viel Verständnis, um in der neuen Gemeinschaft ihren Platz zu finden und sich respektiert zu fühlen. Ein Gewinn kann die geschwisterliche Unterstützung sein und das Wohlwollen aller Erwachsenen. Die Welt besteht ja nicht nur aus Vater und Mutter. Es gibt noch viele andere Menschen, die manchmal sogar noch besser helfen können, ein kleines Herz zu heilen.

Vor jedem Neuanfang steht zuerst einmal ein Ende. Es ist schwer, aber auch sehr wichtig, einen guten und bewußten Abschied für den vergangenen Lebensabschnitt zu finden. Es war ja nie alles schlecht. In allen Kulturen gab und gibt es dafür Rituale. „Rites de passage" nennt der holländische Anthropologe Arnold von Genepp sie: Übergangsrituale. Sie bestehen immer aus drei Schritten: dem symbolischen Tod, dem Chaos und der

Wiedergeburt. Im Fall einer Scheidung ist es ganz wichtig, die alte Beziehung wirklich zu beenden und nicht, zum Beispiel durch Streitigkeiten, in die Länge zu ziehen. Erst dann kann man sich sozusagen eine „Auszeit" nehmen, in der man sich auf sich selbst zurückzieht, um etwas Neues vorzubereiten, das dann wirklich etwas Neues und nicht die Wiederholung des Altbekannten darstellt.

Auch Kinder brauchen diese Zeit der emotionalen und gewöhnenden Übergänge. Wir sollten nicht zu schnell zu viel von ihnen verlangen. Sie leiden, wie die Erwachsenen, am Verlust des Gewohnten, der Orientierungsmöglichkeit am Bekannten, dem befürchteten Verlust ihrer Identität und, mehr noch als das Paar, am Verlust eines nahen Menschen. Viele Illusionen lösen sich auf, ebenso manche Hoffnungen. Es kommt so eine Zeit, wie zwischen zwei Träumen, eine Zeit, in der jeder empfindlich und schutzbedürftig ist; Zeit, um vorsichtig neue Wurzeln auszustrecken. Die im Buch dargestellte Idee von Kindern, eine „Scheidungfeier" zu organisieren, mag etwas extrem anmuten, drückt aber sehr deutlich den Wunsch aus, sich auch nach der Scheidung der Eltern als „richtig" und in einer anerkannten Ordnung und Geborgenheit zu befinden. Kinder werden so leicht von schlechtem Gewissen geplagt, weil sie insgeheim meinen, vielleicht sei alles doch ihre Schuld und jetzt komme die Strafe.
   Warum also nicht mal neue, ungewohnte Wege beschreiten?

Die Geschichten dieses Buches sind Ideengeber und soziale Utopien. Sie liegen dicht neben der schon vorhandenen Wirklichkeit und wären deshalb leicht zu verwirklichen. Jeder kann Wunder vollbringen, ein Papierherz zur rechten Zeit heilen lassen oder die Wirksamkeit eines Kummersteins herstellen. Kinder leben in einer magischen Welt der Symbole, Metaphern und geheimen Botschaften. Dort erreichen wir sie am besten. Und wir können ihnen am sinnvollsten helfen, wenn wir uns auf ihre Sprache und altersgemäßen Denkgewohnheiten einlassen, wenn wir uns ihre innere „Landkarte" erklären lassen, ihren Kummer und ihre tapferen Bemühungen würdigen, und ihnen Lust auf das Überschreiten von Horizonten vermitteln.

Liebe Kinder!

Ihr kennt doch alle das Gefühl, wenn einem die beste Hose zu eng und der Lieblingspulli zu klein geworden ist. Dann muß man sie wohl oder übel hergeben und neue Hosen und Pullover anziehen. Manchmal sind die neuen Sachen sogar gar nicht ganz neu, sondern von einem Geschwister oder einem Vetter. Da dauert es dann lange, bis man sie als die eigenen anerkennt und sich an sie gewöhnt.

So ähnlich geht es einem, wenn man die alte Familie verläßt und in eine neue Familienform überwechselt, die dann, sagen wir mal, aus Mutter und Kind oder aus Vater und Kindern besteht. Manche Kinder müssen gleich noch einmal die Kleider, sprich: Familie wechseln. Dann bekommen sie wieder einen Vater oder eine neue Mutter dazu, und manchmal auch noch Geschwister. Das kann ganz schön nervig sein. Komischerweise gewöhnt man sich aber an fast alles. Ihr könnt viel dazu beitragen, daß die Sache auch klappt. Es ist einerseits wichtig, daß Ihr sagt, wie es Euch ums Herz ist, und daß Ihr andererseits

15

rücksichtsvoll und etwas geduldig seid. Am Anfang machen nämlich fast alle mal Fehler. Ihr auch. Darum könnt Ihr es den anderen Familienmitgliedern vielleicht auch leichter verzeihen.

Denkt nicht, daß Erwachsene alles besser können. Sie sind oft auch überfordert. Andererseits ist das ihre Sache. Es ist nicht Eure Aufgabe, Euch in ihre Streitigkeiten einzumischen oder zu überlegen, wer jetzt recht hat. Ihr dürft weiter lieben, wen Ihr wollt. Ihr müßt aber nicht alle lieben. Freundlichkeit und Höflichkeit genügen auch. Das könnt Ihr übrigens auch von anderen verlangen.

Am wichtigsten ist es, daß Ihr nicht denkt, Ihr seid an der Scheidung Eurer Eltern Schuld. Kinder haben daran nie Schuld. Das ist allein Sache der Erwachsenen. Sie werden ihre Angelegenheiten schon regeln. Manchmal dauert es allerdings etwas länger. Bittet sie, Euch nicht damit zu behelligen.

In diesem Buch gibt es Geschichten von Kindern, die wie Ihr eine Scheidung ihrer Eltern erlebt haben. Es sind erstaunlich viele Kinder. Das ist Euch vielleicht ein Trost, denn manchmal kommt man sich als Scheidungskind ja leicht ein bißchen wie ein Außenseiter vor. Wenn Ihr die Geschichten lest oder hört, dann erkennt Ihr Eure eigene Situation vielleicht wieder.

Die Geschichten erzählen, wie es meistens leider nicht ist, aber sein könnte. Als Kind denkt man ja oft: „Wenn ich mal groß bin, dann mache ich alles besser!" Das ist auch gut so, denn das Leben steht ja nicht still, sondern fließt immer weiter. Wenn Ihr jetzt schon viele gute Ideen sammelt, dann wird die Welt durch Euch sicher einmal ein ganzes Stück besser.

Das wünsche ich Euch und mir.

Eure Linde

Sich verlassen fühlen

Die kleine Rose

„Na, das war ja heute Nacht ein Sturm!"sagte Frau Buchfink und sah zum Fenster hinaus. „Der wird ja ganz schön was angerichtet haben."

Nein, Frau Buchfink war kein Vogel. Sie hieß nur so. Sie war Erzieherin in einem Kinderheim. Jetzt frühstückte sie gerade mit den Kindern, und da war es kein bißchen leise. Niemandem außer Frau Buchfink wäre es aufgefallen, daß da auch ein Mädchen saß, das überhaupt nichts sagte, nicht lachte und nicht weinte.

Das war die kleine Rosalia, die nun schon drei Wochen hier war und sich also eigentlich eingelebt haben müßte.

Mit „eingelebt" meine ich, daß sie wie die anderen Kinder im Kinderheim lachte und lebte. Aber sie schien eher leblos. Sie tat nichts und sagte nichts, so, als ob sie eigentlich gar nicht da wäre.

„Rosalia", sagte Frau Buchfink jetzt. „Ich will mal im Garten nach meinen Rosen schaun. Willst du mich begleiten?"

Rosalia zuckte nur mit den Schultern. Da nahm Frau Buchfink sie einfach an der Hand und ging mit ihr in den Garten.

„Ach, du liebe Zeit. Sieh dir den Rosenbusch an! Ganz auseinandergebrochen!" Frau Buchfink und Rosalia betrachteten das Unglück. Ein Teil des Rosenstrauches stand noch da. Aber der andere war abgebrochen und lag ein ganzes Stück weiter weg. Rosalia bückte sich und hob eine kleine rosa Rose auf. Der Sturm hatte sie mitsamt ihrem kleinen Ast abgerissen und einfach zu Boden geschleudert. Rosalia betrachtete sie mitleidig.

„Vor dem Unwetter war der Rosenstock rund. Und in der Mitte blühte die kleine Rose", sagte Frau Buchfink. „Sie hatte alles, was man zum Leben braucht: Licht, Luft und Nahrung aus den Wurzeln. Die Zweige rundherum gaben ihr Sicherheit und schützten sie vor zu viel Wind und Sonne. Darum konnte die kleine Rose eine Knospe machen, dann eine Blüte, dann eine Hagebutte. Dann schlief sie im Winter ein Weilchen. Und dann fing sie wieder von neuem an, eine Knospe zu machen."

„Aber dann kam der furchtbare Sturm", sagte Rosalia. Sie sah blaß aus.

„Ja, der riß die Vaterseite weg. Da war nur noch die Mutterseite mit der kleinen Rose drauf da."

„Dann wurde auch noch die kleine Rose abgerissen." Rosalia betrachtete weinend die Blüte in ihrer Hand.

„Die Rose denkt jetzt, sie ist niemand mehr", sagte sie dann ganz leise. Aber Frau Buchfink hatte es doch gehört.

„Da müssen wir jetzt was für sie tun", sagte sie tatkräftig. „Sie braucht ja wieder Wurzeln, die Kleine."

Rosalia sah erstaunt auf. „Ist denn das möglich?" fragte sie.

„Das wollen wir hoffen und glauben", sagte Frau Buchfink und ging mit Rosalia wieder ins Haus. Dort holte sie ein Glas, füllte es mit lauwarmem Wasser und stellte den Rosenzweig hinein.

„Und was denn jetzt?" fragte Rosalia.

„Jetzt mußt du ein paar Tage Geduld haben. Dann wirst du schon sehen", antwortete Frau Buchfink geheimnisvoll und stellte das Glas auf Rosalias Nachttisch.

Einige Tage geschah nichts. Aber dann, als Rosalia schon ungeduldig und ärgerlich werden wollte, da streckte die kleine Rose doch tatsächlich winzige weiße Würzelchen ins Glas. Rosalia zeigte es allen Kindern, und alle staunten. Sie staunten auch, weil Rosalia jetzt mit ihnen redete.

Es dauerte noch eine Weile, bis die Würzelchen groß genug waren, und Frau Buchfink sagte: „Jetzt können wir das Röschen in einen Topf pflanzen." Sie holte einen großen Blumentopf, und Rosalia malte ihn bunt an.

„Das ist jetzt das Kinderheim von der Rose", sagte Rosalia und klopfte vorsichtig die gute Gartenerde um die kleinen Wurzeln fest.

Dann fragte sie: „Muß die Rose jetzt immer da in dem Topf bleiben?"

„Aber nein", sagte Frau Buchfink und nahm Rosalia auf den Schoß. „Allerdings braucht die kleine Rose jetzt eine ganze Weile, um zu wachsen. Aber dann kann man sie in den Garten pflanzen. Dann wird sie nämlich selbst ein großer Rosenstrauch."

„Da wird sie sich aber freuen!" sagte Rosalia.

Als sie abends im Bett lag, den wurzelnden Rosenzweig im buntbemalten Topf neben sich, da dachte sie froh:

,Einmal werde ich auch ganz von selbst eine große Frau werden.'

Schöner halber Schmetterling

Es war einmal ein kleines Mädchen, das konnte sehr gut malen. Es besaß Ölkreiden, Holzbuntstifte und einen Wasserfarbenkasten mit vierundzwanzig verschiedenen Farben.

Die Mutter war froh, daß ihr kleines Mädchen so gerne malte, denn es redete nicht viel und war auch sonst ein schüchternes Kind.

Auf den Bildern von Ilka, so hieß das kleine Mädchen, war immer viel zu sehen. Es gab Bäume und Häuser, Menschen und Blumen, Sonne, Mond und Sterne, Wolken und Vögel. Die Bäume trugen Früchte, aus den Schornsteinen der Häuser stieg Rauch auf, und die Menschen gingen mit ihren Hunden spazieren. So ungefähr in der Mitte von jedem Bild prangte ein großer, schöner Schmetterling. Als die Erzieherin im Kindergarten so einen Schmetterling sah, sagte sie: „Der ist ja noch nicht fertig."

Aber Ilka tat so, als hätte sie das nicht gehört.

Allmählich fiel es auch der Mutter auf, daß alle Schmetterlinge einen bunten Flügel hatten und einen weißen, einen Nicht-Flügel, sozusagen.

„Das ist ja nu mal so", sagte Ilka traurig. Mehr sagte sie dazu nicht. Da machte sich die Mutter Sorgen. Darum ging sie mit Ilka und den Bildern zu Frau Waldmüller. Das war eine Beraterin.

Frau Waldmüller sah sich die vielen schönen Bilder an und bewunderte sie sehr. Über den Nicht-Flügel sagte sie erst mal nichts, sondern ging mit Ilka in ihren kleinen Garten. Weil Sommer war und viele Blumen blühten, flogen auch viele

Schmetterlinge umher: ein Pfauenauge, ein Bläuling, ein Kohl-
weißling und ein Schwalbenschwanz.

„Die sehen alle ein bißchen anders aus als dein Schmetterling", sagte Frau Waldmüller. Ilka seufzte tief.

„Die haben ja auch einen Vater", sagte sie.

Frau Waldmüller dachte nach. „Ich weiß gar nicht, ob
Schmetterlinge so direkt einen Vater haben. Da müssen wir
mal nachsehen."

„Wo denn?" fragte Ilka und war nicht mehr ganz so ernst.

„Na, im Schmetterlingsbuch", antwortete Frau Waldmüller.

Es dauerte ein Weile, bis sie unter den vielen Kinderbüchern
das Schmetterlingsbuch gefunden hatten. Bei Frau Waldmüller
sah es nämlich ein bißchen wie in einem Kinderzimmer aus. Ihr
wißt schon, was ich meine. Als sie das Buch gefunden hatten,
war da folgendes zu lesen:

„Seit 230 Millionen Jahren gibt es auf der Erde Schmetterlinge.
Der kleinste Schmetterling ist die Zwergmotte, der größte heißt
Rieseneule und wohnt in Südamerika.

Das Wachstum der Schmetterlinge geht über eine vollkom-
mene Verwandlung, die man Metamorphose nennt. Zuerst legt
das Weibchen die Eier auf eine Pflanze, die ihren Kindern am
besten schmeckt. Aus den Eiern schlüpfen kleine Raupen. Die
fangen sofort an zu fressen. Sie fressen und fressen und werden
dick und groß. Mehrmals müssen sie ihre Haut wechseln, so
wie Kinder ihre zu klein gewordenen Kleider. Schließlich werden sie müde. Sie spinnen sich mit einem Faden ein, so daß sie
wie eine kleine Mumie oder eine Schachtel aussehen. Man
nennt die Schachteln auch Puppe. Der Puppenschlaf dauert ein
paar Tage oder ein paar Wochen. Aber sie schlafen nicht wirk-

lich. In der Schachtel, wo niemand es sieht, verwandeln sie sich ganz und gar von einer Raupe in einen Schmetterling. Wenn der Schmetterling fertig ist, macht er die Schachtel auf und schlüpft raus. Seine Flügel sind noch ganz zerknittert. Dann hängt der Schmetterling sich an einen Zweig und pumpt Luft und Blut in die Adern seiner Flügel. Wenn die Flügel schön glatt geworden sind, fliegt er davon und ernährt sich von Blüten- und Obstsäften. Schmetterlinge sind vielleicht die schönsten Wesen der Natur. Wer verlernt hat, sich zu wundern, den lehren es die Schmetterlinge.‘

So“, beendete Frau Waldmüller das Vorlesen. „Von Schmetterlingsvätern steht da eigentlich gar nichts.“

„Ist ja komisch“, sagte Ilka. Man konnte direkt sehen, wie sich ihre Gedanken neu zu ordnen begannen. Aber die Schmetterlinge auf ihren Bildern blieben weiterhin zur Hälfte bunt und zur Hälfte weiß.

„Möchtest du vielleicht, daß dein Vater die andere Hälfte deines Schmetterlings anmalt?“ fragte Frau Waldmüller eines Tages.

Ilka nickte.

„Dann mußt du ihm mal einen Schmetterling schicken und einen Brief dazu schreiben.“

Ilka konnte noch nicht schreiben. Darum mußte es ihre Mutter für sie tun. Ilka holte ein schönes Schmetterlingsbild und sagte alles, was die Mutter dem Vater schreiben sollte. Die Mutter tat es, aber der Brief kam, wie alle Briefe zuvor, ungeöffnet zurück.

„Siehst du!“ sagte Ilka zu Frau Waldmüller. Da war guter Rat schwer zu finden.

„Man kann sagen, daß du die Malerin der Schmetterlinge bist", fing Frau Waldmüller an. „Du malst ja alles auf deinen Bildern, auch den bunten Mutterflügel."

Ilka wollte etwas sagen, wunderte sich aber über den „Mutterflügel".

„Dann nehme ich jetzt mal an", fuhr Frau Waldmüller fort, „daß du eigentlich auch den Vaterflügel bunt anmalen könntest. Du könntest ihn sogar genau so malen, wie du ihn dir gewünscht und vorgestellt hast. Genau so! – Ich meine ja nur, du könntest es einfach mal probehalber versuchen …"

Ilka schaute in sich hinein. Sie schien da drinnen nach einem Bild zu suchen, das es außen für sie nicht gab. Und langsam, langsam schien sie es zu finden. Sie nahm ihr letztes Bild und begann ganz zögerlich, die weiße Seite des Schmetterlings auszumalen. Sie hielt immer wieder inne und betrachtete, was sie da tat. Langsam entstand ein Schmetterling, dessen Flügel verschieden, aber doch irgendwie in Einklang waren, in Formen und Farben.

Als das Bild fertig war, ging ein Leuchten über Ilkas Gesicht.

„Das wußte ich ja gar nicht!" sagte sie lachend und tat die Buntstifte zurück in die Schachtel. Und Frau Waldmüller sagte:

„Ilka, du bist eine Lebenskünstlerin!"

Meine Katze ist geschieden

„Meine Katze ist geschieden", sagte Edgar eines Tages in der Schule. Und das war ja nun wirklich eine merkwürdige Mitteilung.

Edgar war in der zweiten Klasse und hatte einen gescheiten Lehrer.

Jeder Woche gab es bei ihm eine Stunde, die hieß „Probleme wälzen". Da konnte jeder, der eins hatte, von seinem Problem erzählen. Das wurde dann so lange hin und her gewälzt, bis es mindestens ein bißchen weniger problematisch war.

Hätte Edgar das von seiner Katze in einer anderen Stunde gesagt, dann hätten alle gelacht. So aber sagte der Lehrer:

„Erzähl' mal mehr davon."

„Seit ich denken kann, habe ich einen Hund", sagte Edgar. „Dann bekam ich mal eine Katze geschenkt. Da sagte meine Mutter das Gedicht auf:

Unser Kätzchen ward als Braut
Unserm Hündchen angetraut.
Wer soll Zeuge sein?
Hugo mit dem lahmen Bein.

Die Katze bekam ein Kränzchen, und wir haben eine richtige Hochzeit gefeiert. Das war sehr lustig, und die beiden Brautleute waren immer gute Freunde. Jetzt ist Hugo verkauft, denn Reiten ist zu teuer. Und mein Hund lebt mit meinem Vater in München."

„Warum lebt ihr nicht auch in München?" fragte ein Kind.

„Meine Mutter sagt, Kinder und Katzen sollen in dem Haus bleiben, in dem sie aufgewachsen sind. Hunde vertragen den Umzug leichter."

Das beantwortete die Frage nicht ganz, aber der Lehrer sagte nur:

„Deine Katze vermißt deinen Hund wohl sehr?"

„Das können Sie mir glauben", sagte Edgar. „Meistens, wenn ich mit meinem Vater in München telefoniere, dann höre ich im Hintergrund meinen Hund bellen oder winseln. Meine Katze hört das auch. Man sieht es ihr nicht an, aber ihr ist zum Weinen zu Mute. Ich meine, Katzen können ja nicht weinen, aber sie versteht das alles überhaupt nicht. Sie weiß ja auch gar nicht, wo München ist und warum ihr Hundemann jetzt da hingezogen ist."

„Vielleicht muß es ihr jemand erklären", schlug ein anderes Kind vor.

„Aber wer?" sagte Edgar. „Ich verstehe es ja selbst nicht."

„Hast du auch Heimweh nach deinem Vater?" fragte der Lehrer.

Edgar nickte stumm.

„Dann frag doch mal deine Mutter", schlug Angel vor, die neben Edgar saß.

„Meine Mutter sagt immer: ‚Fang nicht schon wieder damit an. Es ist alles schon schwer genug.'"

„Weiß jemand einen Rat?" fragte der Lehrer.

„Ja", sagte Angel. „Die Katze soll einen Brief an den Hund schreiben." Alle lachten. Aber der Lehrer fand das gar nicht so schlecht. „Du mußt ihr natürlich helfen, Edgar. Schau dir die Katze an und schreibe dem Hund, wie sie sich fühlt und wie sie ihn vermißt. Bitte deinen Vater, daß er dem Hund den Brief vorliest und ihm hilft, eine Antwort an die Katze zu schreiben."

Alle Kinder fanden den Vorschlag gut. Sie erklärten sich bereit, Edgar bei dem Brief zu helfen. Aber er wollte es erst einmal allein probieren. Und dies ist der Brief:

„Mein lieber Hund,
    dies ist ein Brief von deiner Frau Katze, und ich muß dir sagen, daß ich dich sehr vermisse und daß ich gar nicht weiß, ob du mich noch lieb hast. Ich bin nicht gewöhnt, ohne dich zu sein, nachdem wir so lange zusammen gewesen sind. Wie geht es dir? Wie ist es in München? Ich möchte gerne wissen, ob es dort auch ein Sofa gibt, auf dem du so gerne liegst. Mir geht es manchmal nicht gut, obwohl man es von außen nicht sieht. Ich mach' manchmal dumme Sachen. Zum Beispiel versuche ich meinen eigenen Schwanz zu fangen. Ich renne immer im Kreis herum, ohne ihn zu kriegen. Ich glaube, Edgar vermißt dich auch. Aber er sagt es nicht, damit seine Mutter nicht noch trauriger ist. Bitte schreibe mir.
                    Viele Grüße von deiner Katze"

Edgar schickte diesen Brief nach München. Nach einer Weile kam auch wirklich ein Brief zurück:

„Meine liebe Katze,
    vielen Dank für deinen Brief. Ich wußte ja gar nicht, wie es dir geht und daß du mich so vermißt. Ich vermisse dich auch, und du kannst sicher sein, daß ich dich noch immer sehr gern habe, auch wenn wir jetzt durch die Umstände getrennt sind.

26

Mein Herrchen sagt, er und ich werden bald mal in einem Auto zu euch kommen und euch abholen. Dann können wir einen schönen Tag zusammen verbringen. Mein Herrchen sagt auch, daß Edgar bald mal nach München kommen kann, damit er dir danach genau beschreiben kann, wie hier die Wohnung aussieht. Aber jetzt geht es noch nicht. Liebe Katze, bitte schreibe mir auch, was du machst, denn das interessiert uns hier sehr. Denke nicht, daß wir dich je vergessen, auch wenn wir jetzt so weit weg sind.

Ich schlecke Edgar die Beine und grüße dich.

Dein Hund"

Die Kinder in der Problemwälzestunde fanden, daß das schöne Briefe seien und daß nicht jeder Hund seiner Katze so einen Brief schreibe. Der Lehrer ermutigte Edgar, doch weiter der Katze beim Briefschreiben zu helfen. Das würde allen die Zeit erleichtern, bis die Besuchsregelung geklärt wäre.

Denn eine Katze, die geschieden ist, hat keinen leichten Stand.

Die Seifenblasengeschichte

Till wohnte mit seinem Vater und seiner Mutter in Marbach. Eines Tages sagte der Vater, er werde jetzt nach Neuseeland ziehen, um da etwas zu bauen. Er war nämlich Bauingenieur. Neuseeland liegt genau auf der anderen Seite der Erde. Der Vater zeigte es ihm auf dem Globus. Till fand das alles sehr merk-

27

würdig. Aber weil seine Mutter so ein komisches Gesicht machte, wagte er nicht weiter zu fragen.

Am Tag seiner Abreise schenkte der Vater Till ein Fläschchen mit Seifenblasen. Ihr wißt schon, so ein dickes Blechröhrchen. Wenn man den Deckel abschraubt, ist an dem so ein Ding festgemacht, das sieht wie ein kleiner Schneebesen aus. Wenn man durch den Schneebesen bläst, fliegen lauter Seifenblasen heraus, verteilen sich im Zimmer und zerplatzen dann auf Möbeln und dem Fußboden.

Till war ganz begeistert von den schwebenden Farbkugeln und blies und blies und sah zu, wie die kleinen Wunderkugeln langsam herunterschwebten und dann mit einem Blup zerplatzten.

Schließlich war die Seifenblasenlauge alle.

„Kannst du mir bitte neue machen, Papa", rief Till.

Aber da war der Vater schon fort. So war Till auf sich selbst angewiesen. In den nächsten Tagen probierte er mit den verschiedensten Seifenlaugen herum. Schließlich fand er heraus, daß Mutters Spülmittelwasser am besten für Seifenblasen geeignet war.

„Ich gebe es dir aber nur, wenn du mir hoch und heilig versprichst, es nicht in den Mund zu nehmen", sagte Mutter.

Till versprach es. Er war ja schließlich kein Baby mehr.

Nun konnte er Seifenblasen machen, so viel er wollte.

„Bist du traurig, daß sie alle wieder zerplatzen?" fragte Mutter.

Aber Till war darüber nicht traurig.

„Stell dir mal vor, die blieben alle im Zimmer liegen. Was sollten wir denn dann mit ihnen machen?" sagte er und war froh, daß er immer was zu tun hatte. Er mußte dann nicht dauernd an die Abreise seines Vater denken. Mit den Seifenblasen war noch ein kleines bißchen Vater dageblieben.

Till fing an, die Seifenblasen genau zu beobachten. Es schien alles wie zufällig, und doch bestand da eine gewisse Ordnung. Er dachte, die Seifenblasen schimmerten in allen Regenbogenfarben. Aber das stimmte nicht. Zuerst waren sie weiß. Und dann waren sie immer rosa und hellgrün wie das Seifenkraut. – Ihr wißt ja sicher, daß Seifenkraut der Name einer kleinen rosa Wiesenblume ist. – Ja, und dann … zerplatzten die Blasen meist schon. Till bastelte sich ein trichterförmiges Rohr aus einer Postkarte und blies nicht mehr durch den kleinen Schneeschläger. Da wurden die Seifenblasen schön groß. Wenn sie vor dem dunklen Schrank schwebten, sah man ihre Farben besonders gut. Einmal sah Till, daß die Farben von rosa und hellgrün zu blau und gelb überwechselten.

„Ich sollte die Seifenblase mal auf einen Teller blasen, dann hält sie länger", sagte er sich. Und das stimmte. Er konnte sogar noch eine kleine Blase in die große hineinblasen. Es sah wunderschön aus.

Später fand Till eine Milchglasscheibe. Die legte er über zwei Schuhkartons. Darunter stellte er ein Teelicht. Nun wurde die Seifenblase von innen beleuchtet, wenn er sie auf der Milchglasscheibe aufblies.

„Licht aus!" rief er seiner Mutter zu.

Es war wie ein Wunder an Farbenpracht im dunklen Zimmer. Mutter machte sich etwas Sorgen, weil Till fast nie nach draußen ging, um mit anderen Kindern zu spielen. Aber sie wollte auch seine Begeisterung für die Seifenblasen nicht bremsen.

„Der Junge vermißt seinen Vater", dachte sie und hörte Tills Beschreibungen geduldig zu, obwohl sie nicht viel dafür übrig hatte.

„Keine Seifenblase ist wie die andere", sagte Till.

„Aber die Farben kommen immer in der gleichen Reihenfolge: Zuerst sind die Seifenblasen ohne Farbe, dann rosa und hellgrün, dann bewegen sich Blau und Gelb in der Kuppel. Die neuen Farben vermischen sich nicht mit den alten, sondern verdrängen sie allmählich in einem lustigen Spiel. Je älter die Seifenblasen werden, um so heller wird das Gelb. Siehst du, jetzt ist es bräunlich-golden, wie ein Sandsturm in der Wüste. Und jetzt wird es silbergrau vor Alter. Das Türkisblau ist jetzt fast ganz verschwunden. Jetzt kommen die schwarzen Punkte und …"

„Blup!" machte die Seifenblase und war verschwunden.

„Wie lange lebt denn so eine Seifenblase?" fragte Mutter.

„Höchstens vier Minuten." Auch das hatte er schon gemessen.

„Farben sind Taten und Leiden des Lichtes, hat mal ein Dichter gesagt." Mutter war sehr beeindruckt.

Nachdem Till nun wußte, daß seine Seifenblasen immer auf die gleiche Weise geboren und alt wurden, fragte er sich, ob das überall auf der Welt so war. Mutter riet ihm, seinen Vater in Neuseeland danach zu fragen.

„Lieber Vater", schrieb Till. „Wie geht es dir? Mir geht es gut.

Ich mache viel mit deinen Seifenblasen. Ich möchte wissen, ob Seifenblasen bei dir genau so aussehen wie hier in Deutschland. Bitte mach doch mal welche und schreib mir, wie sie aussehen. Aber ganz genau, von Anfang bis Ende.

Dein Sohn Till."

Der Vater in Neuseeland freute sich über den Brief. Aber mit
Seifenblasen hatte er wenig am Hut. Darum dauerte es eine
ganze Weile, bis er sich entschließen konnte, Seifenblasen zu
blasen.

Till wartete lange und dachte schon, dieses Neuseeland gäbe
es vielleicht gar nicht oder seinen Vater gäbe es vielleicht gar
nicht mehr. Aber dann kam doch ein Brief mit wunderschönen
Briefmarken.

„Lieber Sohn!" schrieb der Vater.

„Lieber Sohn!" (Das gefiel Till.)

„Ich habe eine erstaunliche Entdeckung gemacht.

Ich dachte immer, Seifenblasen hätten Spektralfarben, wie sie
durch Brechung des Lichtes entstehen, zum Beispiel im Regenbogen. Aber nein, es sind Interferenzfarben, so wie bei den
Newtonschen Ringen. Diese Farben entstehen durch eine winzige Bildverdoppelung, wie sie durch die Innenseite und die
Außenseite der Wasserblase entstehen.

Und es sind ganz andere Farben als beim Regenbogen. Immer ist es ein Gegensatzpaar, die sogenannten Komplementär-
farben, die zusammen auftreten. Erst rot und grün, dann, wenn
die Wasserwand dünner wird, gelb und blau. Und je dünner die
Wasserwand wird – und das wird sie übrigens durch Ver-
dunsten –, um so blasser werden die Farben, bis die schwarzen
Punkte das Ende eines Ereignisses ankündigen.

Hast du das alles auch so beobachtet?

Ich freue mich, daß du mich dazu gebracht hast, mich näher
damit zu beschäftigen. Manche Dinge sind, wie du nun weißt,
überall auf der Welt gleich.

Dein Vater Thomas."

31

Mutter fand den Brief etwas merkwürdig. Sie mochte die kühle Sachlichkeit nicht. Aber Till freute sich. Er bekam eine Ahnung davon, daß sich nicht nur die Seifenblasen überall auf der Welt gleich verhalten, sondern daß auch sein Vater in Neuseeland immer noch derselbe war wie in Marbach. Und das beruhigte ihn. Er holte den Globus, knipste das Licht darin an und betrachtete lange die andere Seite der Erde.

Mit der Zeit bastelte Till weiter und weiter an seiner Seifenblasen-Lichtbühne, und je älter er wurde, um so vollkommener wurde sie.

Er brachte Schrägspiegel an, die das Licht einander zuwarfen und nicht nur das Innere, sondern auch die Seiten der Seifenblasen beleuchteten, so daß das bewegende Farbenspiel noch deutlicher zur Geltung kam. Er baute einen Kasten, den man wie eine Muschel aufklappen konnte. In dessen schwarzem Inneren entfaltete sich dann die Lichtbühne. Und die Seifenblasen wurden jetzt mit einem Gebläse erzeugt, das durch einen winzigen Motor angetrieben wurde.

„Das alles solltest du dir patentieren lassen", sagte seine Mutter bewundernd. Trotzdem machte sie sich Sorgen über ihren Stubenhocker. Sie sparte heimlich Geld. Und eines Tages schlug sie vor, daß Till mit seinem Muschelkasten doch mal nach Neuseeland reisen sollte, um das Wunderwerk seinem Vater zu zeigen.

Till war begeistert und sehr aufgeregt. Die Reise war ein großes Abenteuer, das Till sehr gut bestand.

Sein Vater schien allerdings doch nicht mehr ganz derselbe zu sein, der er in Marbach gewesen war. Jedenfalls sah er nicht mehr so aus. Aber Till mußte zugeben, daß auch er nicht mehr ganz so aussah wie damals.

Die beiden verstanden sich aber immer noch gut. Der Vater war stolz auf Tills Erfindungsgabe und seine Ausdauer. Darin entdeckte er einen Teil von sich selbst wieder. Und diesen Teil betrachtete er länger als die anderen Seiten seines Sohnes, die ihm fremd geworden waren.

Lange saßen beide vor der dunklen Muschel, die die Lichtbühne in ihrem Innern beherbergte. Sie sahen immer neuen Farbspielen zu. Manchmal wurden sie dabei an das Weltall und die Planeten erinnert, manchmal an indische Seidentücher oder an Wirbelspiele im Meer.

Aber der Vater nahm Till auch mit in seine Fabrik und zeigte ihm seine Erfindungen. Er fuhr mit ihm zu den schneebedeckten Bergen und ans Meer. Till lernte sogar surfen. Neuseeland war ein herrliches Land. Till konnte jetzt gut verstehen, daß der Vater hier glücklich war.

Nach den Sommerferien kam Till ganz braungebrannt nach Marbach zurück. Zum ersten Mal sprach er mit seinen Schulkameraden über seinen Vater und seine Ferienerlebnisse. Neuseeland wurde ein fester Bestandteil in seinem Leben.

Aber als er am ersten Abend wieder mit seiner Mutter in der vertrauten Wohnküche saß, da kriegte er so ein Gefühl davon, wer sein Leben eigentlich behütete. Er hätte gern etwas gesagt, aber er hatte einen Kloß im Hals.

„Dein Salat ist eben der beste!" sagte er darum nur.

Seine Mutter verstand ihn.

Auf sich aufmerksam machen

Das Auto im Stroh

Bauer Merkel schaute nach seiner kranken Kuh. Es war schon spät, und draußen schien der Mond. Die Kuh stand still und geduldig da. Bauer Merkel war beruhigt. Eben wollte er den Stall wieder verlassen, als er ein gräßliches Knirschen und Knacken hörte, dann ein Krachen und Splittern von Holz und schließlich das dumpfe Absterben eines Motors.

Bauer Merkel rannte nach draußen. Sein Gartenzaun war der Länge nach niedergewalzt, die Blumenrabatten waren abgemäht. Im Scheunentor war ein gewaltiges Loch. Als er dorthin rannte, sah er ein großes Etwas, das in der Mitte der Scheune von herunterfallenden Strohballen bedeckt wurde. Von dem Krach aufgeschreckt, kamen auch die anderen Hofbewohner herbei. Gemeinsam gruben sie unter dem Stroh einen Fiat Panda aus. Es saß aber scheinbar niemand darin. Erst als sie bis zum Fahrersitz vorgedrungen waren, sahen sie einen sehr kleinen Fahrer, blaß und großäugig.

„Ja, Moritz! Wie kommst du denn hierher?" rief der Bauer. Moritz blieb stumm. Jeder konnte doch sehen, wie er hierhergekommen war.

Wo er denn eigentlich hinwollte und warum er den Panda seiner Mutter genommen hatte, so mitten in der Nacht, auf all das wußte Moritz nichts zu sagen, wie viele Fragen jetzt auch auf ihn niederpurzeln mochten.

Familie Merkel nahm ihn erstmal mit ins Haus. Jeder hier kannte ihn von klein auf. Herr Merkel rief Moritz' Mutter an. Die war aber nicht zu Hause. Dann vielleicht den Vater? Der wohnte jetzt zwar in einer anderen Stadt, aber …

„Nein!" rief Moritz verzweifelt, denn er dachte an all die Streitereien seiner Eltern vor und nach der Scheidung.

„Na, dann die Polizei", sagte Bauer Merkel etwas hilflos. Aber die Bäuerin fand, das hätte doch noch bis morgen Zeit. Er solle es eben später noch mal bei der Mutter versuchen. Sie gab dem zitternden Moritz heiße Milch zu trinken und ein Butterbrot. Dann zeigte sie ihm eins der Betten in der Mansarde und hatte auch nichts dagegen, daß er ungewaschen unter das große, karierte Plumeau kroch und sofort einschlief.

Später erreichte Bauer Merkel die Mutter am Telefon. Aber sie konnte Moritz ja nicht abholen, so ohne Auto. Sie verabredeten sich für morgen früh in der Stadt.

„Auf dem Jugendamt", sagte die Mutter, „denn ich habe es satt!"

Anderntags nahm der Bauer Moritz mit in die Stadt. Nachdem er die Milch an der Sammelstelle abgegeben hatte, wollte er nun Moritz am Jugendamt abgeben. „Na, steig schon aus."

Moritz zögerte. Er klammerte sich unwillkürlich am Traktor fest und druckste herum. Schließlich sagte er:

35

„Kannst du nicht mitkommen, Bauer Merkel?"

„Ach, Unsinn", antwortete der Bauer abwehrend. Er haßte Büros und Ämter. Schließlich war das ja auch nicht sein Junge. Gottseidank, sonst würde er für den Schaden an Zaun und Scheune gar keine Entschädigung kriegen. Aber irgendwie hatte er nun schon zu lange gezögert. Seine kleinen, hellen Augen hatten einen Moment zu lange auf dem Jungen geruht, der sich da verängstigt an die Traktorstange klammerte. Auf einmal sah Bauer Merkel sich selbst als kleinen Merkel, dessen Vater im Krieg gefallen war und dessen Mutter nicht mit ihm fertig wurde.

Bauer Merkel stellte den Motor ab, stieg vom Traktor, legte seine Hand auf Moritz' Schulter und schob ihn wortlos vor sich her ins Jugendamt und die Treppe hinauf.

Die Mutter saß schon im Büro. Sie hatte bereits ihr Herz ausgeschüttet und ihrem Kummer und Ärger Luft gemacht.

„Und das ist also dein Vater?" fagte der Sozialarbeiter, nachdem Moritz bei allen anderen Fragen ausdauernd geschwiegen hatte.

Es entstand eine Pause, in der Mutter, Moritz und Bauer Merkel sich erstaunt ansahen. „Nein, nein, nein", wehrten sie dann alle gleichzeitig ab. Die Personenfrage wurde geklärt. Aber es hatte den Anschein, als ob das Gespräch jetzt eine andere Richtung nähme. Es ging nicht mehr so sehr um die Vergangenheit, sondern um die Zukunft.

„Wenn Sie schon mal da sind, was halten Sie denn von der Sache, Herr Merkel?" fragte der Sozialarbeiter.

Bauer Merkel räusperte sich. Er war kein Mann der großen Worte.

„Der Bub ist ja, kann man mal sagen, ziemlich mutig. Bloß am falschen Ort. Er braucht was zu tun, wo er sich nützlich fühlt. Und jemanden, der ihm sagt, wo's lang geht, damit er den Zaun nicht umfährt." Bauer Merkel schwieg einen Moment. Und dann sagte er noch, etwas leiser: „Ich hab nämlich auch keinen Vater gehabt."

„Ja, heißt das ...", fragte der Sozialarbeiter.
„Sag ich doch", bestätigte Bauer Merkel.
„Ja, wie?" fragte die Mutter.
Moritz atmete kaum, um nichts zu verderben.

So jemanden wie den Bauern Merkel hatte der Sozialarbeiter noch nicht oft in seiner Amtsstube gehabt. Jemanden, der mehr tat, als er mußte, ohne nach dem Gewinn zu fragen.

Anstatt in ein Heim zu müssen, bekam Moritz die Merkels als Pflegeeltern. Frau Merkel war froh, wieder jemanden zu haben, den sie mit ihrem guten Essen vollstopfen konnte, denn ihre eigenen Jungen waren schon lange aus dem Haus. Voller Eifer begleitete Moritz den Bauern zu jeder Hofarbeit. Sogar Traktorfahren durfte er. „Aber erst, wenn du die Hausaufgaben gemacht hast." Da war die Bäuerin streng.

Oft kam am Wochenende Moritz' Mutter zu Besuch. Moritz zeigte ihr dann voller Stolz das Feld, das er mit dem Bauern zusammen gepflügt hatte. Oder er erzählte, wie er gelernt hatte, die Melkmaschine anzuschließen. Für Dummheiten blieb ihm gar keine Zeit mehr.

„Die brauchen mich nämlich hier echt", sagte er selbstbewußt.

Die Mutter bekam jedes Mal Tränen in die Augen, wenn sie das hörte. Niemand wußte so genau, ob es aus Rührung war oder aus Trauer über die eigenen unerfüllten Wünsche.

Die Bäuerin gab der Mutter Sonntag abends ein Landbrot, frische Eier und selbstgekochte Marmelade mit. Das war ihre Art, freundlich und mitfühlend zu sein. Moritz saß dann irgendwo in der Küche und schaute den Frauen zu. Er fühlte sich gut dabei. Einmal sagte er zur Bäuerin:

„Es sieht so aus, als ob Mama deine Tochter wäre und ich dein Enkelsohn."

Das fanden alle in Ordnung. Und der Bauer rief:

„Komm, Enkelsohn, unsere Kühe warten auf ihr Sonntagsfutter."

Der Traumfänger

Philipps Eltern waren geschieden. Schon eine ganze Weile. Zuerst hatte Philipps Vater in derselben Stadt gewohnt. Jeden Freitag abend holte er Philipp ab und verbrachte mit ihm das Wochenende. Er reparierte sein Rad, ging mit ihm in den Wald und auf den Fahrradübungsplatz. Er ließ Drachen mit ihm steigen und brachte ihn zum Arzt, wenn er geimpft werden mußte. Philipp hatte das Gefühl, mit Vater und Mutter zusammenzuleben. Nur eben an verschiedenen Orten und in verschiedenen Wohnungen.

Seit einiger Zeit wohnte sein Vater nun in einer anderen Stadt, denn er hatte dort Arbeit gefunden. So konnte Philipp ihn nicht mehr so oft sehen. Zuerst schien das nicht viel zu ändern. Philipps Mutter übernahm fast alles, was vorher der Vater gemacht hatte, und Philipp war zufrieden.

Aber eines Nachts hatte Philipp einen Albtraum. Er schrie so furchtbar, daß sogar die Nachbarn aufwachten und anderntags nach ihm fragten. Was er geträumt hatte, konnte Philipp nicht sagen.

In der übernächsten Nacht passierte dasselbe. Und weil die Albträume jetzt immer öfter kamen, ging die Mutter mit Philipp zum Arzt. Aber auch die Tropfen, die der verschrieb, halfen nichts. Die Mutter schlief bei Philipp im Zimmer. Sie erzählte ihm zum Einschlafen beruhigende Geschichten. Aber was sie sich auch ausdachte, nichts wollte helfen. Philipp wußte auch nicht, was mit ihm los war. Er wußte gar nicht, wovon er träumte, und seine Schreie waren für die anderen schlimmer als für ihn selbst. Er hatte nur eine dumpfe Ahnung von etwas Schrecklichem, das ihn bedrohte.

Schließlich rief die Mutter ganz verzweifelt den Vater an. Der hörte aufmerksam und geduldig ihren Schilderungen zu. Er wußte, daß er jetzt etwas für seinen Sohn tun mußte. Aber was?

Als Philipp seinen Vater aus dem Zug steigen sah, fing er plötzlich furchtbar an zu weinen. Das kam für alle ganz unerwartet und war nicht leicht zu ertragen.

„Ich freu mich ja so", sagte Philipp leise unter Schluchzen. Es klang wie eine Entschuldigung. Den Eltern tat das Herz weh.

„Was hast du in deinem Koffer?" fragte Philipp, als sie zu Hause ankamen. Der Vater machte den Koffer auf, und Philipp sah einen Reifen. Er sah Lederstreifen, Perlen und Federn und viele andere Merkwürdigkeiten. Er staunte.

„Wir werden viel zu tun haben", sagte der Vater verheißungsvoll.

In dieser Nacht schlief er bei Philipp. Aber er hörte keinen Schrei, nur ein lautes Stöhnen und Jammern. Aber das war schlimm genug.

„Vor langer, langer Zeit ging es einem kleinen Jungen mal wie dir", erzählte der Vater am nächsten Morgen nach dem Frühstück.

„Es war ein Indianerjunge. Seine Mutter brachte ihn zu einem Medizinmann, und der sagte, daß es Gespenster seien, die im Traum durchs Fenster kämen, um kleine Jungen zu plagen. Warum sie das machen, weiß niemand zu sagen. Sie machen es eben. Der Medizinmann zeigte dem Jungen, wie man einen Traumfänger baut. Darin fängt sich das Traumgespenst und kann darum nichts Böses mehr tun.

Und so einen Traumfänger bauen wir jetzt", schloß der Vater seinen Bericht. Philipp war sehr neugierig.

Zuerst nahm der Vater den Reifen und umwickelte ihn mit Lederstreifen. Es war weiches, hellbraunes Hirschleder. Der Vater erzählte, was für mutige, schnelle und starke Tiere die Wapitihirsche sind. Sie können für ihre Familien sorgen, auch wenn sie sich nicht immer am selben Ort aufhalten, sondern weit durch die Wälder streifen.

Dann nahm der Vater eine Geigensaite und fing an, ein Netz zu knüpfen. Philipp mußte ihm dabei helfen, denn so ein rundes Netz muß ja an allen Seiten zugleich festgemacht werden, damit es sich schön spannt. Eine Geigensaite mußte es sein, weil Geigensaiten schon ein Lied in sich tragen. Es kann jederzeit erklingen, wenn jemand es aus der Saite herausholt. Eine Gitarrensaite geht natürlich auch oder eine Cellosaite. Philipp hatte eine kleine Geige. Ihn beschäftigte der Gedanke, daß alles, was er spielte, schon vorher unhörbar vorhanden sein sollte. Er mußte es also nur aus der Saite herauslocken.

Lange konnte er aber nicht darüber nachdenken, denn in das Netz aus der Geigensaite mußten Perlen und Muscheln miteingeflochten werden.

„Das ist sehr wichtig", sagte der Vater und breitete auf einem Taschentuch eine kleine Sammlung aus. „Der Medizinmann hat damals den Jungen gefragt, was seine Lieblingszahl sei. Und dann mußte der sich so viele Perlen und Muscheln aussuchen, bis die Zahl voll war."

„Meine Lieblingszahl ist acht", sagte Philipp. „Weil mein achter Geburtstag der schönste war."

Der Vater fand, daß acht eine sehr schöne Zahl sei, nämlich das Zeichen für Ewigkeit. „In Ewigkeit werden wir Vater und Sohn sein."

Philipp wählte eine rote Glasperle für die Mitte. Einen Karfunkel. Und der Vater sagte, das sei ein Heldenstein. Dann kamen grüne, weiße und blaue dazu und rosa und weiße Muscheln. Aber sie mußten ganz unregelmäßig verteilt werden, damit der Alb, so nennt man solche Quälgeister, überrascht war und nirgends durchschlupfen konnte. Als sie das Netz geknüpft hatten, dachte Philipp schon, nun sei der Traumfänger fertig. Aber nein, jetzt mußte noch das Gehänge gemacht werden. Der Vater hatte an alles gedacht und auch ein paar wunderschöne Federn, Wurzeln und getrocknete Blumen mitgebracht. Philipp mußte nun um die Stiele einen roten Faden wickeln, schön sorgfältig, und dann ein paar Perlen auffädeln. Schließlich wurde dieses Gehänge seitlich und am unteren Rand des Reifens befestigt. Dann hängte der Vater den Traumfänger ans Fenster. Philipp betrachtete ihn lange. Er sah wunderschön aus.

„Werde ich denn jetzt überhaupt nicht mehr träumen können?" fragte er und war etwas besorgt. Aber da konnte ihn der Vater beruhigen.

„Für die guten Träume ist der Traumfänger kein Hindernis. Sie lieben Farben und Musik. Sie lieben die Stärke des Hirsches und den sanften Vogelflug. Sie lieben den Duft der Blumen und die Sicherheit der Wurzeln. Die Albträume aber denken über all das nicht nach. Sie sind plump und dumm. Sie kommen angestürzt, um dich zu erschrecken, und rumms! stoßen sie sich an dem Netz und sind darin gefangen. Ha, ha, ha! Das hätten sie nicht gedacht, daß du klüger bist als sie, daß du sie überlisten kannst."

„Ja!" sagte Philipp und saß ganz stolz und gerade da. „Sie hätten nämlich nicht gedacht, daß ich einen Vater habe, der mit einem Koffer voll Zaubersachen angereist kommt. Aber so einen habe ich. Bäh!"

Philipp freute sich direkt schon auf die nächste Nacht. Dann würde er es ihnen aber zeigen!

Viele Menschen glauben ja nicht an Zauber. Aber die Albträume glaubten daran. Darum war es ihnen unmöglich, den

Traumfänger zu umgehen und jemals wieder in Philipps Zimmer zu gelangen.

Das muß man sich mal vorstellen!

Leider gab es keinen Traumfänger, der seinen Vater dableiben ließ.

Als der Vater sich verabschiedete, hörte Philipp, wie die Mutter leise sagte: „Ich danke dir." Und der Vater sagte: „Ich danke dir auch, daß du mich das hast machen lassen."

Philipp würde wohl nie verstehen, warum sie nicht alle zusammenleben konnten. Aber er war nun sicher, daß beide Eltern ihn sehr lieb hatten, jeder auf seine Weise.

Ich zieh fort

Als Leo vom Kindergarten nach Hause kam, heulten beide, Mama und Anja. Leo war bestürzt.

„Gibt's nichts zu essen?" fragte er unsicher.

Wortlos stand seine große Schwester auf und holte die Bratpfanne vom Herd. Sie tat Leo die Bratkartoffeln auf den Teller und schob ihm die Salatschüssel hin. Leo fing an zu essen.

„Was iss'n los?" fragte er schließlich, als die Stille unerträglich wurde.

„Papa ist nicht mehr da", sagte Anja.

„Der ist doch meistens nicht da." Leo stopfte sich eine große Kartoffelscheibe in den Mund.

„Aber jetzt ist er ganz weg", sagte Anja.

Leo begriff das nicht. „Wo ist er denn hin?"

„Er ist nach Nürnberg gezogen. Da hat er jetzt eine andere Frau."

„Ohne uns zu fragen?" Leo wollte das einfach nicht glauben.

Mama trocknete sich die Augen und strich auf dem Tisch ein Papier glatt, immer wieder. So wie sie sonst die Wäsche glattstrich, bevor sie sie zusammenlegte.

Ganz allmählich begriff Leo, was das alles zu bedeuten hatte.

Eine Riesenwut stieg in ihm auf.

„Das ist gemein, ganz hundsgemein. Wie konntest du das denn erlauben, Mama? Wenn hier jeder machen kann, was er will, dann ziehe ich eben auch aus!" Leo sprang auf, rannte raus und knallte die Küchentür hinter sich zu.

Er holte den Rucksack aus seinem Schrank und steckte die Kekse, sein Kuscheltier, die Strickjacke und seine Taschenlampe hinein und band die Häkeldecke von Oma drauf. Dann schlich er sich leise den Gang entlang und zur Tür hinaus.

Er stieg in die Straßenbahn Nummer fünf. Niemand fragte ihn nach dem Fahrschein. An der Endhaltestelle stieg er aus und ging in die Laubenkolonie. Dort hatte Onkel Eduard ein Gartenhäuschen.

Leo nahm den Schlüssel aus dem Blumenkasten und schloß auf. Im kleinen Stübchen standen ein Herd, ein Tisch und eine Bank. Wasser gab es auch. „Mehr brauch ich nicht", sagte Leo zu sich selber.

Er setzte seinen Rucksack ab und aß von den Himbeeren und Johannisbeeren im Garten. Dann fand er zwei alte Kartoffelsäcke. Die füllte er mit trockenem Laub, um sich daraus eine Matratze zu machen. Er holte Holz in die Stube, fand im

Schränkchen Streichhölzer und Nudeln und machte sich an das Abendessen.

Zuerst wollte das Feuer nicht brennen. Leo hatte vergessen, die Ofenrohrklappe aufzumachen. Aber dann funktionierte es doch. Oft genug hatte Leo Onkel Eduard beim Feuermachen zugesehen.

Die Nudeln aß Leo mit dem noch verbliebenen Wasser. Irgendwie schien er etwas verkehrt gemacht zu haben. Aber es schmeckte trotzdem gut, fand er.

Dann wurde es langsam dunkel. Es gab kein elektrisches Licht. Leo holte seine Taschenlampe und machte es sich mit Omas Häkeldecke und seinem Kuscheltier auf den Kartoffelsäcken gemütlich.

Aber dann, als alles so still und dunkel war, da fing Leo an nachzudenken. Er war ja nun ganz allein auf der Welt. Den Sommer lang könnte er hier gut wohnen und sich von dem Obst und den Vorräten ernähren. Etwas Taschengeld hatte er auch noch. Und die Kekse. Aber dann? Je mehr er darüber nachdachte, um so verlassener fühlte er sich, und schließlich fing er an zu weinen. Er weinte und weinte und kam sich wie das ärmste Wesen auf der ganzen Welt vor.

Auf einmal hörte er das Gartentörchen quitschen. Vor Angst wurde er ganz steif. Schritte kamen näher. Aber dann hörte er eine liebe, leise Stimme, und die klang ihm wie Engelsmusik.

„Leo, bist du da drinnen? Ich bin's, die Anja."

„Ja", wollte Leo rufen, aber es kam nur ein Krächzen heraus.

„Ja", rief er noch einmal. „Ich bin hier, hier!"

Dann lagen sich die Geschwister in den Armen und weinten vor Freude und Kummer. „Dummer, dummer Leo", flüsterte Anja immer wieder.

Anja zündete eine Kerze an, die sie mitgebracht hatte, und sah sich um. „Gemütlich hast du's hier", sagte sie. „Ich hab mir schon gedacht, daß du hierher gefahren bist."

„Warum?"

„Weil das die einzige Straßenbahnnummer ist, die du kennst."

„Eigentlich wollte ich allein hier wohnen. Aber wenn du willst, dann kannst du ja auch mit herziehen." Leo kramte seine Kekse hervor und gab Anja einen.

„Das geht nicht, Leo. Wir müssen doch wieder heim zu Mama."

„Alle Erwachsenen sind blöd", sagte Leo trotzig. „Ich will nie wieder etwas mit ihnen zu tun haben."

„Na ja. Wie ich sehe, kannst du hier eine Weile ganz gut allein leben. Aber ich dachte, du wolltest im Herbst mit Willi und Kurt in die Schule gehen."

Das hatte Leo ganz vergessen.

„Außerdem hat Mama ganz arges Heimweh nach dir. Sie sitzt zu Hause und grämt sich."

„Und Papa?"

„Ich weiß nicht, was Papa sich denkt. Vielleicht gar nichts. Aber das erfahren wir nur, wenn wir ihn fragen."

„Wie denn?"

„Na, anrufen. Oder mit einem Brief. Ich kann ja schon schreiben."

„Ich kann es auch bald", wollte Leo sagen. Aber dann fiel ihm die Schule wieder ein. Und noch einiges andere fiel ihm ein. Er fühlte auf einmal so ein Brennen und Ziehen in der

Brust, das wollte ihn ganz schnell heim zu Mama ziehen. Wortlos räumte er seine Sachen zusammen und packte sie in seinen Rucksack. Anja löschte das Feuer im Herd und die Kerze auf dem Tisch. Dann schloß sie die Tür ab und nahm ihren Bruder an der Hand.

Vor dem Gartentor wartete ein Erwachsener, der nicht blöd war. Es war Onkel Eduard, Mamas Bruder. Er hatte sich vor langer, langer Zeit auch einmal in dieses Gartenhäuschen geflüchtet.

„Na, dann steigt mal ein, Brüderchen und Schwesterchen", sagte er gutmütig und fuhr die Kinder in seinem alten Auto nach Hause.

Mama hatte ihre Liebe in Waffeln hineingebacken. Die waren knusprig und warm.

Und langsam kam Leos Welt wieder in Ordnung.

Sich um die Eltern sorgen müssen

Vierzehn Engel

„Du siehst ein bißchen blaß aus", sagte Frau Bänder zu Ronni. „Geht's dir nicht gut?"

„Wenn ich halt mal mehr schlafen könnte", sagte Ronni und seufzte tief.

„Gehst du denn so spät ins Bett?" fragte Frau Bänder. Aber Ronni sagte: „Nein, ich muß bloß immer so viel bis vierzehn zählen."

Jemand anderes hätte das jetzt wahrscheinlich blöd gefunden oder als Ausrede angesehen. Aber Frau Bänder hatte schon so viele Kinder in ihrem Kindergarten gehabt, daß sie nichts mehr wunderte. Sie wußte, daß alles, was Kinder sagen, einen Sinn hat. Manchmal ist es ein ganz anderer Sinn, als die Erwachsenen denken. Denn die meisten Erwachsenen haben vergessen, daß sie anders dachten, als sie Kinder waren.

„Wie lange mußt du denn bis vierzehn zählen?" fragte darum Frau Bänder jetzt.

Und Ronni sagte: „Eigentlich die ganze Nacht, aber ich schlaf' dann doch darüber ein. Und das ist nicht gut."

„So viel zählen ist ja eine schwere Arbeit für einen Fünfjäh-
rigen", sagte Frau Bänder anerkennend. „Für wen machst du
denn das?"

„Für meinen Papa", sagte Ronni. Auf seinem Gesicht spie-
gelten sich Sorge und Trauer.

„Will das denn dein Papa?" fragte Frau Bänder.

Aber Ronni war schon rausgelaufen, um mit den andern
Fußball zu spielen.

Nach der Vesperpause saßen alle in der Vorleseecke. Frau Bänder fragte, wie denn die Kinder abends einschliefen. Lisa sagte,
ihre Mutter würde ihr immer vorlesen. Paul erzählte, daß er
ohne seinen Bären nie schlafen könnte. Bei Gretchen mußte
die Nachtlampe anbleiben, und Elvira bekam etwas vorgesun-
gen.

„Mein Papa hat mit mir ‚Abends, wenn wir schlafen gehn'
gebetet", sagte Ronni. Lisa wollte wissen, wie das geht.

„Na: ‚Abends, wenn wir schlafen gehn, vierzehn Engel um
uns stehn'", sagte Ronni. Und dann mußte er das ganze Gebet
aufsagen, denn die andern Kinder kannten es nicht.

„Abends, wenn wir schlafen gehn,
Vierzehn Engel um uns stehn.
Zwei zu unsern Häupten, zwei zu unsern Füßen.
Zwei zu unsrer rechten Seite, zwei zu unsrer linken Seite.
Zweie, die uns decken, zweie, die uns wecken.
Zweie, die uns weisen ins himmlische Paradeisen."

Die Kinder fanden das so schön, daß sie es gleich mal spielen
wollten. Ronni mußte sich in die Mitte legen, und die anderen
stellten sich als Engel um ihn herum. Zwei am Kopfende, zwei
an den Füßen und so weiter. Am Ende führten zwei die ganze

Gruppe „ins himmlische Paradeisen". Alle hatten viel Spaß, und gleich wollte ein anderes Kind auch mal in der Mitte liegen.

Ronnis Backen wurden rot vor Eifer, denn er mußte immer wieder mit dem Text aushelfen, wenn die anderen steckenblieben.

„Nein, erst kommt zur rechten Seite, dann zur linken."

Als die Kindergartenzeit zu Ende war, machte Ronni wieder sein ernstes Gesicht, so, als sei ihm etwas sehr Trauriges eingefallen, was er während des Spiels vergessen hatte. Frau Bänder richtete es so ein, daß sie mit ihm nach Hause gehen konnte. Unterwegs setzten sie sich auf eine Bank im Park. Und da erzählte Ronni ihr, daß seine Eltern immer so sehr gestritten hatten. Eines Tages war es so schlimm, daß Papa rausgerannt war und die Tür zugeknallt hatte.

Seitdem war er verschwunden, und Ronni machte sich große Sorgen, daß ihm etwas Böses passieren könnte, besonders nachts, wenn alles so unheimlich war. Mama sagte, Papa sei böse, und darum hatte Ronni Angst, daß er die vierzehn Engel vergessen haben könnte. Aber wenn er, Ronni, immerzu bis vierzehn zählte, dann konnte Papa nichts passieren. Das wußte er genau.

Frau Bänder fragte, ob sie mal mit zu Ronni nach Hause kommen dürfte. Ronni fand das gut, denn er hatte Frau Bänder gern.

Als Ronni und Frau Bänder in die Wohnung kamen, war Mama überrascht. Ronni fürchtete, daß sie gleich wieder anfangen würde zu weinen. Und so war es auch. Aber Frau Bänder schickte Ronni in sein Zimmer und redete ein Weilchen mit Mama allein. Dann kam sie zu Ronni und sagte:

„Zeig mir doch mal all deine Kuscheltiere." Ronni hatte eine Menge.

„Welches ist denn dein klügstes Tier?" fragte Frau Bänder.

Darüber hatte Ronni natürlich noch nicht nachgedacht. Er betrachtete all seine Tiere und überlegte hin und her.

„Das Zebra", sagte er schließlich.

„Das dachte ich mir", bestätigte Frau Bänder. „Ich dachte nämlich, es könnte dir etwas beim Zählen helfen. So könntet ihr euch die Arbeit teilen. Es ist ja eine sehr wichtige Arbeit. Und getan werden muß sie. Denn ich bin sicher, daß sie deinem Vater hilft. Aber, wenn du zweimal bis vierzehn zählst und an die Engel denkst, und dann übernimmt das Zebra die Arbeit, dann könntest du ein bißchen mehr schlafen. Fändest du das gut?"

Ronni nahm das Zebra in die Hand und betrachtete es eingehend.

„Ich kann es ja mal versuchen", sagte er dann. „Weil es so viele Streifen hat, wird es wahrscheinlich auch gut zählen können."

„Vielleicht kannst du auch Eule bitten, ein bißchen aufzupassen. Sie macht das sicher gern, denn Eulen sind ja Nachtvögel."

Ronni fand, daß das eine gute Idee war.

Am nächsten Morgen berichtete Ronni Frau Bänder, daß das Zebra gute Arbeit geleistet hatte. Allerdings hatte Ronni noch zweimal mit ihm zusammen zählen müssen. Aber dann hatte Eule aufgepaßt.

Darüber war Frau Bänder sehr froh. Ronni konnte nun mehr schlafen und war nicht mehr so blaß.

Eines Tages rief Ronnis Vater an und erzählte von seiner neuen Wohnung und seiner neuen Arbeit.

„Ich habe die ganze Zeit vierzehn Engel für dich gezählt, damit dir nichts passiert. Und Zebra hat mir dabei geholfen", sagte Ronni. Der Vater schwieg.

„Ja, Junge, das habe ich gemerkt", sagte er dann. Seine Stimme klang weich und warm, fast so, als ob er weinte. Aber Männer weinen ja nicht.

Frau Bänder fragte Ronni, ob sie den andern Kindern von der Scheidung seiner Eltern erzählen dürfte und von der großen Hilfe des Zebras. Ronni erlaubte es. Einmal brachte er das kluge Zebra sogar mit in den Kindergarten. Andere Kinder hatten auch kluge Kuscheltiere, und so wurde allgemein bekannt, daß man sich in schwierigen Situationen Hilfe holen kann.

Der Zwerg Pumpernickel

Der Zwerg Pumpernickel hatte zwei Freunde. Das waren Riesen. Der ein wohnte im Rundawald, der andere am Eglisee. Es waren nette Riesen. Nur hatten sie, wie das bei Riesen leider oft vorkommt, ihren Kopf oft oben in den Wolken. Dann machten sie seltsame Dinge, die ihnen später leid taten.

Ganz früher einmal hatte der Egliseeriese auch im Rundawald gewohnt. Aber er hatte sich mit dem anderen Riesen zerstritten. Es war um die Ferien gegangen, glaube ich, die der Egliseeriese immer und immer am Wasser verbringen wollte.

„Dann zieh doch gleich dahin, du Depp!" hatte der Rundawaldriese geschrien. Später tat es ihm leid. Aber da war der andere schon fortgezogen.

Beide Riesen hatten den Zwerg Pumpernickel sehr gern, vielleicht, weil er nicht so groß und tolpatschig war wie sie, vielleicht, weil er so lustige Späße machen konnte. Der Zwerg
Pumpernickel konnte nämlich auf den Händen gehen und auf
einer Hand stehen. Dabei konnte er noch mit dem linken
großen Zeh wackeln. Das sollte ihm mal einer nachmachen!

Der Zwerg Pumpernickel wohnte auch im Rundawald. Klar.
Wo sollen Zwerge denn sonst wohnen? Aber er besuchte für
sein Leben gern den Riesen am Eglisee. Sie gingen nämlich zusammen angeln. Und am Abend machten sie ein Feuer, steckten
die gefangenen Fische auf einen Stock und brieten sie. Sie aßen
dazu rohe Zwiebeln und Rettiche. Das stank alles ziemlich
gräßlich, aber schmeckte ganz wunderbar. Sie schliefen gleich
an Ort und Stelle, ohne sich zu waschen. Und der Riese erzählte dem Zwerg von seinen Abenteuern.

Wenn Pumpernickel am nächsten Tag wieder in den Rundawald
kam, rief der Waldriese: „Meine Güte, Zwerg. Du siehst ja
schwarz wie Pumpernickel aus!" Daher hatte er nämlich seinen
Namen. Dann setzte der Waldriese einen großen Kessel Wasser
auf's Feuer, tat Kräuter hinein, bis es schön duftete und schäumte.
Dann schrubbte er den kleinen Zwerg gründlich damit ab.

Was soll ich euch sagen: Pumpernickel hatte das gern. Denn
hinterher gab es Riesenstreuselkuchen und Honigwein. Das
war Pumpernickels Leibspeise.

„Na, wie war's denn am Eglisee?" fragte dann der Rundawaldriese, scheinbar nebenbei. Dann mußte Pumpernickel alles
haarklein erzählen. Wieviel Fische, welche Sorte, woher die
Zwiebeln? Hatte der Seeriese sie in seinem Garten gezogen,
oder hatte sie ihm jemand geschenkt? Wer? Lebte der Seeriese
immer noch allein oder mit einem Freund zusammen?

Je mehr der Zwerg erzählte, um so mehr fragte der Rundawaldriese.

„Du hast wohl Heimweh nach dem Egliseeriesen?" fragte
Pumpernickel.

„Aber nein", rief der Rundawaldriese. „Der Kerl soll bleiben, wo er ist. Mit einem, der sich die Zwiebeln schenken läßt,
will ich sowieso nichts zu tun haben." Aber Pumpernickel sah,
wie der Riese ein bißchen weinte.

Kam Pumpernickel dann das nächste Mal an den Eglisee, hatte
der Riese dort schon die kleine Angel für ihn bereitgelegt.
Wenn sie dann friedlich am Wasser saßen, fragte der Seeriese:

„Na, wie war's im Rundawald?"

Pumpernickel mußte alles haargenau erzählen. Wie der
Streuselkuchen geschmeckt hatte, und ob es überhaupt noch
richtigen Honigwein gab. Wer denn das Feuerholz holte. Hatte
der Waldriese vielleicht einen neuen Freund? Das wäre ja noch
schöner. Wo er doch immer gesagt hatte, er wolle allein leben.

„Ich glaube fast, du hast Heimweh nach dem Rundawaldriesen", sagte Pumpernickel.

„I bewahre", rief der Egliseeriese. „Der Langweiler kann mir
doch gestohlen bleiben!" Und er stampfte so wütend mit dem
Fuß auf, daß der ganze Eimer mit Würmern ins Wasser fiel. Die
Fische taten sich daran gütlich, ohne gefangen zu werden. An
diesem Abend gab es deshalb nur Zwiebeln und Rettiche.

Allmählich wurde es Pumpernickel aber zu dumm mit der ständigen Fragerei, Heulerei und Stampferei. Er wollte ja schließlich nur seine Freunde besuchen und dabei seinen Spaß haben. Sollten sie sich doch selber fragen, wenn sie so dringend etwas vom andern wissen wollten. Aber Pumpernickel zögerte lange, das den Riesen zu sagen. Er wollte sie nicht beleidigen und auch ihre Freundschaft nicht verlieren, denn er hatte sie ja, wie gesagt, beide gern. Aber schließlich ging es nicht anders.

„Du, hör mal", sagte er darum eines Tages, als er gemütlich im Kräuterkessel beim Rundawaldriesen saß. „Frag mich heute bitte nicht, wie es am Eglisee war. Ich möchte mit dir Spaß haben und nicht, daß du wieder heimlich auf den Streuselkuchen weinst. Ich bin nämlich nicht dein Spion."

Der Rundawaldriese schwieg verstört. Von dieser Seite hatte er es noch nie betrachtet. Er war eben kein Zwerg. Aber von da an war es aus mit der ewigen Fragerei.

Als Pumpernickel das nächste Mal am Seeufer saß, um mit dem Egliseeriesen zu angeln, sagte er: „Frag mich jetzt bitte nicht, wie es im Rundawald war. Ich möchte nämlich mit dir Spaß haben und nicht, daß du jedes Mal den Würmereimer ins Wasser kickst. Und außerdem bin ich nicht dein Spion."

Der Egliseeriese schwieg verdutzt. Von dieser Seite hatte er es noch nie betrachtet. Er war ja auch kein Zwerg. Aber von da an war Schluß mit der Fragerei, und Pumpernickel hatte es gut. Er hatte viel Spaß am See und viel Spaß im Wald. Er mußte überhaupt nie überlegen, wo er lieber sein wollte, denn er war überall willkommen.

Wie in einem Spiegel

Malte saß auf dem Sofa. Wenn er zum Fenster hinaussah, waren dort die Ziersträucher und der kleine Ahorn, der jetzt im Herbst rote Blätter bekommen hatte. Wenn er aber in den großen, goldgerahmten Spiegel sah, konnte er das Gartentörchen sehen. Dort standen seine Eltern und stritten miteinander. Vater schien sich zu verabschieden. Er redete besorgt auf die Mutter ein. Malte konnte sein Gesicht sehen. Mutter stand steif und aufrecht, die Hände in den Jackentaschen.

„Bitte umarmt euch!" wünschte sich Malte. „Bitte umarmt und küßt euch, so wie früher."

Aber die Mutter gab dem Vater nicht einmal die Hand, als er jetzt den Garten verließ.

„Bitte liebt euch doch", flüsterte Malte. Er wünschte es sich so sehr. Da sah er im Spiegel, wie der Vater sich noch einmal umdrehte, zurückkam und die Mutter auf die Stirn küßte. Er umarmte sie nicht, aber er küßte sie. Malte atmete erleichtert aus. Sein Wünschen half also etwas.

Nach einer Weile kam Mutter herein und setzte sich zu Malte aufs Sofa. Sie schaute zum Fenster hinaus, ob Malte wohl gesehen hatte, was am Gartentor geschah. Aber sie sah nur die Ziersträucher und den kleinen roten Ahorn. In den Spiegel sah sie nicht. Sie streichelte Malte und bot ihm an, etwas mit ihm zu spielen.

Wenn Malte auf dem Sofa saß, konnte er nicht in die Küche sehen. Aber im Spiegel sah er eines Tages die Mutter am Herd stehen. Wieder redete der Vater auf sie ein. Er legte flehentlich die Hände auf ihre Schultern. Aber sie schüttelte ihn ab. Malte konnte sehen, wie ärgerlich sie war.

„Liebt euch doch", wünsche sich Malte. „Bitte, bitte, liebt euch doch!"

Nach einer Weile drehte sich Mutter um. Sie nahm den Topf vom Herd und stellte ihn auf den Tisch. Sie lächelte, und es sah so aus, als sagte sie: Na, also gut! Vater lächelte auch. Malte war zufrieden. Er glaubte nun fest, daß er nur ganz doll wünschen müßte, dann würde alles gut werden und gut bleiben. Aber das Wünschen kostete ihn viel Zeit und Kraft. Er konnte deshalb in der Schule oft nicht aufpassen und in der Nacht nicht schlafen.

Abends, wenn seine Eltern noch am Tisch saßen, stand er vor dem Spiegel und tat, als spiele er auf der Kommode. Aber er fühlte seine Eltern in seinem Rücken und beobachtete sie vor sich im Spiegel genau. Er mußte ja auf sie aufpassen und bei dem kleinsten Anzeichen von Mißstimmung anfangen zu wünschen. Er mußte sehr stark wünschen. Manchmal gelang es ihm nicht, den Streit abzuwenden. Dann machte er sich Vorwürfe.

Schlimm war es auch, wenn die Eltern nur stumm dasaßen. Dann sah er gespannt in die Gesichter im Spiegel, um ihre Gedanken zu erraten. Denn mit ihm oder vor ihm sprachen die Eltern nie über ihre Gedanken und Gefühle. Sie schauten auch nie in den Spiegel. Ja, sie wußten nicht einmal, daß es Malte war, der durch seine starke Wunschkraft ihr Zusammenleben aufrechterhielt.

Einmal konnte Malte abends wieder nicht einschlafen. Er schlich sich zurück an die Wohnzimmertür. Von dort aus konnte er den Fernseher nicht sehen. Aber er sah das Bild im Spiegel. Es war eine Sendung über Eltern, die sich streiten und scheiden lassen, und über Kinder, die darunter sehr leiden.

„Siehst du", hörte Malte seine Mutter sagen. Und sein Vater brummte: „Wenn du so weitermachst, hast du es dir selbst zuzuschreiben."

Für Malte war es wieder höchste Zeit, mit dem Wünschen anzufangen. Aber dieses Mal wußte er nicht, ob Mutter oder Vater das Wünschen nötiger hatten. War einer von den beiden schuld? Und wenn ja, wer? Jedenfalls wollte er bestimmt keines von diesen bejammernswerten Kindern aus dem Fernsehen werden. Lieber ginge er ganz weit fort und änderte seinen Namen, damit ihn niemand wiedererkennen würde.

Eines Tages wurde Malte krank. Er war so krank, daß er ins Krankenhaus mußte. Aber die Ärzte konnten nicht feststellen, woran das Kranksein lag. Malte machte den Eindruck eines kleinen überarbeiteten Managers. Die Eltern kamen zu Besuch. Malte freute sich, daß sie beide so friedlich an seinem Bett saßen.

„Was wünscht du dir denn?" fragte Mutter und dachte wohl an ein Buch oder vielleicht einen Gameboy.

„Ich wünsche mir, daß ihr euch liebt", sagte Malte ernst und feierlich.

Die Eltern sahen sich erstaunt an. Hatten sie nicht immer alle Schwierigkeiten vor ihrem Kind geheim gehalten? Beide bekamen Tränen in die Augen. Malte ahnte, daß es da etwas gab, was er nicht verstand und was man auch im Spiegel nicht sehen konnte.

„Habt ihr mich denn lieb?" fragte er kläglich.

58

Vater und Mutter überhäuften ihn beide mit Küssen und Be-
teuerungen. Der Arzt gab ihnen ihr Kind wieder mit und sagte,
daß sie ganz viel und offen mit ihm reden sollten, über ihre Sorgen und über seine Sorgen. „Sonst entsteht in Ihrem Kind ein
virtuelles, ein künstliches Bild, wie in einem Spiegel."

Die Eltern gaben sich Mühe, ihrem Sohn zu erklären, daß ein
Erwachsenenleben etwas anderes ist als ein Kinderleben. Malte
gab sich Mühe, das zu verstehen. Aber leicht war es nicht.

Draußen war jetzt Winter, und es lag Schnee. Im Spiegel sah
Malte den Gartenweg und das Gartentor, das halb offen
stand. Vaters Fußspuren führten zum Tor hinaus. Zwei Krä-
hen saßen auf dem Zaun und krächzten. Mutter kam und
brachte ihrem Sohn heißen Sanddornsaft, damit er bald wieder stark und gesund würde. Irgendwie war Malte erleichtert,
daß er sich nicht mehr so entsetzlich mit seinem Wünschen
anstrengen mußte. Zu Weihnachten würde sein Vater kommen und ihn besuchen.

Die Elefantenlandkarte

Günther war der beste Zeichner des ganzen Internates. Er
konnte Gegenstände so gut abzeichnen, daß sie fast wie foto-
grafiert aussahen. Am liebsten zeichnete Günther Bedienungs-
anleitungen von Fotoapparaten, CD-Spielern, Staubsaugern
oder Küchenmaschinen, je nachdem, was er kriegen konnte.
Er zeichnete sie ganz genau ab, Schräubchen für Schräubchen.

Damit verbrachte er seine freie Zeit, während seine Kameraden draußen Fußball spielten oder schwimmen gingen.

Vom Turnunterricht war Günther befreit. Er vertrug keinen Krach und nichts, das nach einer Rauferei aussah. Physik und Zeichnen waren seine liebsten Fächer und neuerdings auch Erdkunde, denn Günther hatte die Welt der Landkarten entdeckt. Er begann geographische, historische, politische und wirtschaftliche Landkarten zu zeichnen, maßstabgerecht natürlich und ganz genau.

Günther zeichnete nur ab, was es schon gab. Nie dachte er sich selbst etwas aus, so sehr ihn auch der Zeichenlehrer dazu ermunterte. „Das wäre ja dann nicht richtig", sagte Günther.

Er war schon ein bißchen merkwürdig. Die andern Schüler konnten nicht viel mit ihm anfangen. Aber sie ließen ihn in Ruhe, weil er friedlich und hilfsbereit war. Gerne machte er die Zeichnungen für andere mit. Die mußten dann nur ein wenig „verschlechtert" werden, damit es der Lehrer nicht gleich merkte.

Niemand wußte etwas über Günthers Familie. Seine Eltern seien gestorben, hieß es. Günther sagte nichts dazu. In den Ferien blieb er im Internat, denn er hatte niemanden, zu dem er hätte gehen können. Einladungen von Mitschülern lehnte er ab.

„Ich bin gerne hier", sagte er. Wenn er nur genug Papier, Federn und Stifte hatte, schien seine Welt in Ordnung zu sein.

Aber in Wirklichkeit war sie es nicht. Seine genauen Zeichnungen waren wie eine dünne Eisschicht über einem brodelnden Meer. Manchmal stieß Günther im Schlaf einen einzigen, furchtbaren Schrei aus. Am Morgen wußte er nichts davon.

Eines Tages wurde Günther sehr krank. Er hatte eine Virus-Lungenentzündung. Im Krankenhaus phantasierte er im Fieber nächtelang. Schließlich sagte die Nachtschwester, jemand müsse mal mit dem Jungen reden, denn was er da erzähle, sei sehr beängstigend.

Als es ihm wieder besser ging, kam eine Psychologin zu ihm. Sie setzte sich an sein Bett und hörte einfach nur zu, was Günther zu erzählen hatte. Günther mochte die Psychologin. Zum ersten Mal sprach er von dem furchtbaren Unglück, das sich bei ihm zu Hause ereignet hatte:

„Papa und Mama haben immer gestritten. Immer über dasselbe. Ich hab gesagt: Streitet doch nicht immer, und schreit doch nicht so.

Aber sie haben viel getrunken. Dann hat Papa auch geschlagen.

Dann, dann haben sie mal nachts wieder so gestritten. Mama wollte weglaufen. Da hat Papa sie die Treppe runtergeschubst. Da war sie tot."

Die Psychologin hielt Günthers Hand. Sie hörte nur zu, ganz genau und ganz still. Nach einer Weile erzählte Günther weiter.

„Dann war das ganze Haus voller Polizisten und Krankenwagenleuten und Fotografen und so alles. Mich haben sie gar nicht beachtet.

Ich war auch schon wie tot vor Angst. Dann, als sie weggingen, sagte einer: ‚Was machen wir denn mit dem Jungen?‘

‚Da ist das Jugendamt zuständig‘, hat ein anderer gesagt. Das war wie eine Gebrauchsanweisung. Erst morgens um acht ist dann eine Frau gekommen und hat mich in ein Heim gebracht. Die wollten immer mit mir reden. Aber ich wollte nicht. Dann bin ich ins Internat gekommen."

„Weißt du denn, wo dein Vater ist?" fragte die Psychologin.

„Ja, im Gefängnis. Obwohl er es ja nicht absichtlich gemacht hat, glaube ich." Und dann sagte Günther noch: „Ich versuche immer, nicht an meine Eltern zu denken. Weil … ich will nicht so werden wie sie."

Günther wollte die Hand der Psychologin nicht loslassen.

„Ich besuch dich morgen wieder", sagte sie dann.

Am nächsten Tag redeten sie über Günthers Leben im Internat, über seine Zeichnungen, seine Lieblingsfächer und seine Freunde.

„Freunde sind sie eigentlich alle. Einen besonderen brauch' ich nicht."

„Weil du ihm nichts erzählen willst?" fragte die Psychologin.

Günther dachte darüber nach.

Einmal brachte die Psychologin ihm ein Buch mit alten Landkarten mit. Darin war zu sehen, wie sich die Menschen früher die Erde vorgestellt hatten.

„Aber das stimmt doch gar nicht", sagte Günther verwirrt.

„Heute wissen wir mehr. Aber damals genügten diese Karten den Menschen. Damit erklärten sie sich ihre Welt."

Günther mochte das Buch sehr. Stundenlang schaute er die Karten an. Manche waren mit Tieren, Gebäuden und Pflanzen verziert.

Eine Karte gefiel ihm besonders. Sie stammte aus Sumatra und war im Jahre 1568 gezeichnet worden. Das Land war mit kleinen Bäumen und Häusern bedeckt. Ein großer und mehrere kleine Flüsse schlängelten sich zum Meer. Boote fuhren auf dem Fluß, und große Schiffe mit Takelage sah man auf dem Meer. Mitten im Land stand in einer Mauer ein Palast. „Casa del Rei" stand dabei. Das hieß „Haus des Königs". Das bemer-

kenswerteste an der Karte waren aber die Elefanten. Man sah
sie überall bei der Arbeit, beim Fressen und Spazierengehen.
Sie trugen Balken, und Menschen ritten auf ihnen. Sie waren
größer als die Häuser und Bäume. Günther begann, diese Elefanten zu lieben. Sie schienen so sinnvoll, so weise und unan-
tastbar. Sie waren damals schon so, wie sie heute auch noch waren. Das war beruhigend.

„Wann kann ich wieder in mein Zimmer im Internat?" fragte
Günther ungeduldig. Sein Lebenswille war wieder erwacht. Er
wollte zeichnen. Die Geschichte seines Unglücks war wie ab-
gefallen von ihm. So, als habe die Psychologin sie behutsam in
eine Mappe getan und im Schrank eingeordnet.

Als Günther wieder an seinem Zeichentisch saß, zeichnete er
viele Landkarten aus dem schönen Buch ab. Und dann begann
er, sich selbst welche auszudenken. Zum ersten Mal zeichnete
er etwas, das vor ihm noch niemand gezeichnet hatte, seltsame
Tiere, Bäume und Städte. Aber immer auch Wege, an denen
sich die Menschen orientieren konnten. Besonders gerne zeichnete er kunstvolle Windrosen, die die Himmelsrichtungen an-
zeigten.
  Eines Tages brachte er dem Internatleiter einen Umschlag.
Auf dem stand: An Herrn Hugo Möller, Gefängnis Stamm-
heim.
  Der Lehrer schaute erstaunt auf. „Der Brief ist noch offen.
Möchtest du, daß ich ihn lese?" fragte er. Günther nickte.
  Der Lehrer zog aus dem Umschlag ein Papier und entfaltete
es. Es war eine kunstvoll gezeichnete Landkarte, mit Figuren,
Gebäuden und Pflanzen. Ein Weg führte von einem schönen
Haus in ein Gespensterhaus. Von da in ein Gefängnis. Das Tor

des Gefängnisses stand offen. Der Weg führte weiter über eine Brücke in einen dichten Wald, in dem viel Tiere lebten, wilde und zahme. Dann verlor sich der Weg in einer weißen Fläche, rechts oben im Bild. „Unerforschtes Land" stand da. Das hatte Günther auf einer der alten Landkarten gelesen. Neben dem Gefängnistor stand ein Elefant mit Sattel. Er schien auf jemanden zu warten.

„Das ist eine ausgezeichnete Landkarte", sagte der Lehrer. „Und Landkarten helfen ja viel bei der Orientierung."

Er steckte die Landkarte wieder in den Umschlag, klebte ihn zu, vervollständigte die Adresse und klebte eine Briefmarke drauf.

Dann gab er ihn zur Post.

Günther seufzte tief und erleichtert, so als habe er eine schwere Aufgabe nun endlich vollendet. Und so war es ja auch.

Den andern Elternteil besuchen

Der falsche Anzug

Hannes lag auf seinem Bett und heulte. Seine Augen waren schon ganz verschwollen. Ab und zu schlug er mit den Fäusten auf sein Kissen, so eine Wut hatte er. Seit drei Tagen war er schon nicht mehr in der Schule gewesen. Seine Mutter wußte nun bald nicht mehr, was sie machen sollte.

Da klingelte das Telefon. Kurz darauf klopfte die Mutter an die Tür. „Hannes, komm doch mal. Dein Freund Marco ruft nun schon das vierte Mal an. Na, komm!"

Schließlich rappelte sich Hannes auf und schlurfte ans Telefon.

„Hm?" brummte er in den Hörer.

„Du, Hannes", rief Marco am andern Ende. „Heute haben wir doch Fußball. Kommst du?"

„Nee", brummte Hannes wieder. „Bin krank."

„Aber das stimmt doch gar nicht, Hannes. Sag mir doch, was los ist. Ich bin doch dein Freund, echt, he!"

„Na wegen mei'm Vater", murmelte Hannes, nach einigem Zögern.

„Ist der abgehauen?"

„Hm. Hm!"

„Aber Hannes, da brauchst du dir doch keinen Kopf machen. In unserer Klasse sind fünf Väter abgehauen. Und ich hab ja auch einen Stiefvater."

„Was? Deiner ist ein Stiefvater? Das merkt man aber nicht." Hannes war sehr erstaunt. „Und wer sind die andern?"

„Na, Claudia und Ute und Stefan und, warte mal, ja, Dennis und Fabio."

„Was, der auch?" Na, wenn das so war, dann brauchte Hannes sich ja auch nicht mehr zu schämen.

„Also, was ist? Kommst du jetzt zum Fußball?" fragte Marco drängend. „Ohne dich haben wir kaum eine Chance."

„Na, gut. Bin um zwei da." Hannes Stimme klang schon wieder ganz normal.

Nach vier Wochen sollte Hannes seinen Vater zum ersten Mal wieder treffen. Er wollte nicht, aber er sollte. Irgendwie wollte er auch, aber er wußte gar nicht, wie er sich verhalten sollte. Darum hätte er sich um die ganze Sache lieber gedrückt. Aber dann ging er doch in das Café, wo sein Vater schon an einem Tisch in der Ecke saß.

„Tag", sagte Hannes und sah seinen Vater kaum an. Sie aßen jeder ein Stück Käsekuchen.

„Ich hab dir was mitgebracht", sagte der Vater und holte ein Paket unterm Tisch hervor. Hannes wurde neugierig. Als er das Paket öffnete, kam ein Illmaticanzug zum Vorschein, ein wahnsinnstoller, weißblauer Sportanzug, eigentlich viel zu teuer zum Kaufen. Hannes war begeistert. Er nahm den Anzug heraus, hielt sich die Hose an, und seine Miene verfinsterte sich. Der Anzug war viel zu groß.

„Behalt doch deinen Scheiß für dich, du Blöder", schrie er und warf das Paket seinem Vater vor die Füße. Die ganze Enttäuschung der letzten Wochen rollte in dicken Tränen aus seinen Augen.

Der Vater war geschockt. Alle Leute im Café drehten sich nach ihm um. Er fühlte die Wut in sich hochkochen. Aber weil er erwachsen war und einen größeren Überblick über das Leben hatte, ließ er sich zu keiner Dummheit hinreißen. Er hob den Anzug auf und verpackte ihn wieder sorgfältig.

„Laß gut sein, Hannes. Wir sehen mal, was sich machen läßt."

Er zahlte und ging aus dem Café. Hannes trottete hinter ihm her. Sie überquerten den Marktplatz, und in der Krämergasse gingen sie in den Laden, in dem der Vater den Anzug gekauft hatte.

Die Verkäuferin arbeitete schon lange in dem Sportgeschäft. Sie hatte viele Väter und Söhne kommen und gehen sehen. Mittlerweile hatte sie einen Blick dafür, ob die beiden immer oder nur selten zusammen waren. An Hannes entdeckte sie eine große Wunde, so, als ob einer vom Fahrrad gefallen wäre und sich aufgeschürft hätte. Nur, daß man diese Wunde äußerlich nicht sehen konnte. Der Vater hatte auch so eine Wunde.

„So", sagte sie und nahm den Illmaticanzug aus der Verpackung.

„Dein Vater muß ja eine sehr hohe Meinung von dir haben, wenn er dich schon für so groß gehalten hat." Sie lachte Hannes aufmunternd zu und suchte im Regal nach einer kleineren Nummer.

Hannes probierte den neuen Anzug an, und diesmal paßte er sehr gut. „Ja, ja", sagte die Verkäuferin. „Da denkt man immer, nur die Kinder müßten lernen, mit etwas Neuem fertig zu werden. Dabei ist es bei den Erwachsenen ganz genauso."

Erstaunt sahen Vater und Sohn zuerst die Verkäuferin und dann sich gegenseitig an. „Ist doch wahr", sagte sie. „Bisher hat wohl immer deine Mama die Anziehsachen gekauft."

„Ja, aber ...", fing der Vater an. Aber die Verkäuferin ließ ihn gar nicht ausreden.

„Willst du den Anzug gleich anbehalten, oder soll ich ihn einpacken?" fragte sie. Hannes wollte ihn anbehalten.

„Danke", sagte er ganz leise und schob seine Hand in die seines Vaters.

Als die beiden zurück über den Marktplatz schlenderten, ging Hannes nicht hinter, sondern neben seinem Vater.

Das Geheimnis der Königin der Nacht

Vicki lebte mit ihrem Vater in der Stadt. Der Vater hielt viel von Ordnung, Sauberkeit und Pflichtbewußtsein. Er war ein erfolgreicher Werbefachmann. Vicki fehlte es an nichts. Ihr geräumiges Zimmer war mit allen Geräten ausgestattet, die Kinder sich nur wünschen können. Stets war Vicki nach der neuesten Mode gekleidet. Den Haushalt besorgte eine Haushälterin. Vicki besuchte eine gute Schule und hatte nette Freunde.

68

Nur eines hatte Vicki nicht: eine Mutter. Das heißt, sie hatte zwar eine, aber die wohnte weit, weit weg auf dem Land, und Vicki durfte sie nicht besuchen. Wegen Alkohol oder so, hatte Vicki gehört. Sie hatte überhaupt so dies und das gehört, was sie wohl nicht hören sollte. Aber selbst konnte sie sich nicht an ihre Mutter erinnern. Irgendwann einmal hatte sie aufgehört, nach ihr zu fragen.

Aber jetzt war sie elf Jahre alt und fing an sich zu überlegen, wie sie wohl einmal als erwachsene Frau sein würde. Darum bestand sie energisch darauf, ihre Mutter einmal besuchen zu dürfen. Schließlich mußte es der Vater erlauben. So fuhr Vicki einige Stunden mit dem Zug, bis sie in einem kleinen Ort ankam. Als sie ausstieg, war sie sehr aufgeregt und sah sich erwartungsvoll um.

Erst nachdem sich die meisten Leute verlaufen hatten, kam eine rundliche Frau auf sie zu. Sie trug ein T-Shirt, einen langen bunten Rock und hatte die Haare locker aufgesteckt.

„Bist du die Victoria?" fragte sie und lachte freundlich.

Vicki nickte. Die rundliche Frau umarmte sie herzlich. Sie hatte gar kein Parfum und roch ein bißchen nach Seife und Erde. All das registrierte Vicki genau, denn das sollte ja ihre Mutter sein, also ein Teil von ihr selbst.

„Willst du Mama oder Eva zu mir sagen?" fragte die Frau jetzt, nahm Vickis Koffer und ging zu einem Jeep. „Na, komm, kletter' rein!" Vicki war stumm vor Staunen. Sie fuhren erst die Landstraße und dann einen Holperweg entlang, bis sie zu einem kleinen Haus kamen, das eher gewachsen als gebaut aussah, so schief war es.

„Siehst du, hier wohne ich", sagte Eva.

Hinter dem Haus war ein kleiner Bauernhof mit vielen Tieren: Ziegen, Hühner, Enten, Karnickel, zwei Schafe, zwei Katzen und ein Hund. Und um den Hof und das Haus herum war ein großer Garten mit Teich und einem gläsernen Gewächshaus. Alles sah ganz unwirklich aus, wie in einem Bilderbuch, fand Vicki. „Gehört das alles dir?" fragte sie staunend.

Eva nahm sie mit ins Haus und zeigte ihr, wo sie schlafen sollte. Das Zimmer war klein und fein wie eine Puppenstube, mit bemalten Möbeln und karierter Bettwäsche.

„Dusche und Waschbecken sind unten in der Küche. Das wird dir ein bißchen ungewohnt sein", sagte Eva. „Aber wir werden uns schon einigen."

„Wo ist denn der Fernseher?" fragte Vicki. Als sie erfuhr, daß Eva gar keinen hatte, dachte sie: „Na, das kann ja heiter werden!"

Zum Abendessen gab es Brot, Butter, Käse und Sauermilch mit Himbeeren. „Das habe ich alles selbst gemacht, beziehungsweise gezogen", sagte Eva. „Schmeckt es dir?"

„Wer macht denn hier die ganze Arbeit?" fragte Vicki.

„Na, ich", sagte Eva. „Was dachtest du denn?"

„Wir haben eine Haushälterin."

Eva fing an den Tisch abzuräumen. „Hilfst du mir ein bißchen?"

Aber Vicki wußte nicht, wie.

„Stell einfach alles hier rüber auf den Spülstein."

Vicki fühlte sich fremd, und ihr war weinerlich zumute. Diese runde Frau mit den rauhen, abgearbeiteten Händen und dem ungeschminkten Gesicht sollte ihre Mutter sein? Kein Wunder, daß ihr Vater nicht mit ihr zusammenleben wollte. Aber sie mußte jetzt vier Wochen hier bleiben.

„Ich habe ein schönes Buch für dich. Vielleicht willst du ja vor dem Schlafen noch etwas lesen", sagte Eva. Vicki gähnte.

„Und morgen zeige ich dir dann alles hier rundherum. Auch den Platz, wo du geboren bist."

Auf einmal war Vicki wieder hellwach: „Ich bin hier geboren?"

Ihre Stimme überschlug sich fast vor Staunen.

„Natürlich. Ich bin doch deine Mutter. Aber jetzt geh erst einmal schlafen. Du mußt ja todmüde sein."

Vicki fühlte sich kein bißchen müde. Aber kaum lag sie im Bett, da war sie auch schon eingeschlafen.

Als Vicki am nächsten Morgen aufwachte und aus dem Fenster sah, war Eva schon im Hof. „Komm runter", rief sie fröhlich. „Du kannst mir die Ziege halten."

„Wozu das denn?" grummelte Vicki, während sie sich Hose und T-Shirt anzog. Im Ziegenstall stank es.

„So riechen eben die Ziegen", sagte Eva ungerührt. „Halt mal die Liese an den Hörnern fest und kraule sie ein bißchen. Dann läßt sie sich leichter melken."

Vicki hatte noch nie eine Ziege festgehalten oder beim Melken zugesehen. Irgendwie war das faszinierend.

„In ein paar Tagen kannst du auch melken. Paß nur auf!" sagte Eva. Dann gab es die Ziegenmilch zum Frühstück, und sie schmeckte tatsächlich nicht schlecht.

Den ganzen Tag erfuhr Vicki lauter neue Dinge. Sie hatte gar keine Zeit, sich zu langweilen. Eva schien tausend Sachen zu kennen, zu können und zu erzählen. Zum Mittagessen pflückten sie sich junge Erbsenschoten, die sie in zerlassene Butter tunkten. Das schmeckte sehr lecker. Und zum Abendessen gab es Holunderküchlein. Die wurden aus den weißen Holunderblüten gemacht, die Eva in Teig tunkte und in Fett ausbriet. Vicki gefiel es immer besser, und immer weniger dachte sie an die große Stadt, in der sie zu Hause war.

„Morgen nacht bist du vor zwölf Jahren geboren", sagte Eva auf einmal. Das hatte Vicki ganz vergessen.

„Schon morgen?" fragte sie.

„Ja, das werden wir natürlich gebührend feiern. Weißt du eigentlich, warum du Victoria heißt?"

Nein, das wußte Vicki nicht. Sie wußte ja so vieles nicht.

„Dann erzähl' ich's dir morgen", sagte Eva. „Und nun schlaf schön und träume einen Geburtstagstraum!"

Auf dem Frühstückstisch stand ein wunderbarer Kuchen. Zwölf Bienenwachskerzen prangten darauf, und dazwischen lagen kandierte Veilchen und Rosenblätter. Neben dem Kuchen lagen Schafwollsocken und andere kleine Päckchen.

„So viel Stern am Himmel stehn, so viel Glück soll zu dir gehn", sagte Eva und gab Vicki den ersten, vorsichtigen Kuß.

„Hast du das auch alles selber gemacht?" fragte Vicki.

„Ja, jedes Jahr an deinem Geburtstag habe ich eine Bienenwachskerze gemacht und für dich aufgehoben", sagte Eva. Und dann sprach sie schnell von etwas anderem, denn ihre Augen waren auf einmal feucht geworden.

Wie sie den Tag verbracht hatten, das wußte Vicki später nicht mehr. Aber den Abend und die Nacht, die würde sie ihren Lebtag nicht vergessen.

Eva nahm sie mit ins Gewächshaus. Und da, in der Mitte war ein Seerosenteich. Überall standen Kerzen.

„Das sind ja riesige Blätter!" sagte Vicki und deutete auf den kleinen Teich.

„Ja, da kann ein richtiges Menschenbaby drauf liegen. Nicht nur Däumelinchen. Du kennst doch das Märchen von Däumelinchen?"

Vicki kannte es nicht, und Eva las es ihr vor. Es war feierlich und friedlich in dem Gewächshaus. Durchs Dach schienen die Sterne, und man hörte eine Grille zirpen. Vicki knabberte Kekse.

„Also, auf so einem Blatt hast du gelegen", sagte jetzt Eva, „denn du bist hier an diesem Ort geboren." Vicki hörte auf zu knabbern.

„Schau mal da rüber", flüsterte Eva. Vicki sah, wie sich ganz langsam eine große, weiße Seerose öffnete. Es war wie ein Wunder.

„Sie blüht nur eine Nacht", sagte Eva leise. „Sie heißt Victoria cruziana und stammt aus dem Amazonas in Südamerika. In der nächsten Nacht wird sie rosa, und dann sinkt sie auf den Grund des Flusses, wo das Samengehäuse aufbricht. Die Samen fließen mit der Flußströmung davon und beginnen woanders ein neues Leben. Sie müssen schnell wachsen, damit ihre Blätter immer die Wasseroberfläche erreichen und eine neue Königin der Nacht erblühen kann. Gerade, als du geboren warst, ist hier eine Victoria aufgeblüht. Da haben wir dich auf ein Blatt gelegt und nach ihr genannt."

Fast unmerklich war Vicki immer näher an ihre Mutter herangerückt. Jetzt legte sie ihren Kopf in Mutters Schoß und erinnert sich dunkel an längst vergangene Zeiten.

„Und dann?" fragt sie.

„Du kennst ja deinen Vater gut. Dann weißt du auch, daß er hier nicht bleiben konnte. Und ich konnte ihn nicht begleiten.

Aber, daß er fortging, brach mir fast das Herz. Darum hab ich getrunken. Dann kamen die Leute vom Jugendamt und brachten dich zu deinem Vater. Das war auch gut so. Und später, als ich wieder gesund war und dich hätte holen können, da dachte ich an die Samen der Victoria, die immer weiter fließen, aber niemals zurück.“

Vicki und ihre Mutter weinten. Aber mehr aus Freude, als aus Kummer.
„Ich bin so froh, daß ich das jetzt alles weiß“, sagte Vicki. „Früher war da nämlich immer ein großes, schwarzes Loch.
Und jetzt bin ich richtig stolz auf meinen Namen. Vorher fand ich ihn ein bißchen blöd.“

In den kommenden Wochen lernte Vicki viel über Bäume, Vögel und Früchte, über Blumen, Ziegen und Marmelade. Sie lernte sogar Brennesselsuppe kochen. Aber am meisten lernte sie über den Anfang ihres Lebens und die Liebe von zwei Menschen, wie sie unterschiedlicher nicht sein konnten.

Als sie schließlich mit ihrem Köfferchen und einer riesigen Tasche mit Feld-, Wald- und Garteninhalt auf dem Bahnsteig stand, sagte Vicki: „Darf ich in den nächsten Ferien wiederkommen, Mama?“
Und das war der Satz, den sich ihre Mutter immer erträumt hatte.

Wo ist mein Zuhause?

Eines Tages merkten Claudia und Peter, daß sie nicht zusammenpaßten. Sie paßten so wenig zusammen, daß sie auch nicht mehr zusammen leben konnten. Das war sehr schade, besonders, wenn man bedenkt, daß sie zwei wirklich nette Kinder hatten.

Claudia und Peter hatten ihre Kinder sehr lieb. Sie wollten weiterhin für sie sorgen und ein lebendiger Teil ihres Lebens sein. Darum hatten sie sich ausgedacht, daß Nicki und Susi, so hießen die Kinder, eine Woche bei dem einen und eine Woche bei dem anderen wohnen sollten. Das war auch möglich, denn Peter wohnte nach der Scheidung nur zwei Straßen von Claudia entfernt. Da konnten die Kinder weiter in dieselbe Schule gehen und all ihre Freunde aus der Nachbarschaft behalten.
So hatten sich die Eltern das also ausgedacht, und es schien ein guter Plan zu sein.

Susi und Nicki fanden es anfangs ganz toll, zwei Wohnungen zu haben. Jeden Samstag abend packten sie ihre Sachen zusammen und zogen zwei Straßen weiter. Einmal hatten sie ihren Papa ganz für sich allein und dann wieder ihre Mama. Da ging es viel friedlicher zu, als vorher, denn nun mußte nicht alles und jedes zwischen Mama und Papa ausdiskutiert werden. Susi und Nicki waren nicht dumm. Sie rechneten Mama nicht vor, wieviel Eis sie von Papa bekommen hatten. Und Papa erzählten sie nicht, wie lange sie bei Mama aufblieben. Beim einen durften sie mehr fernsehen, beim andern mehr Chips essen. So hatten sie eigentlich nicht zu klagen.

75

Das ging eine ganze Weile gut. Aber immer öfter kam es vor, daß Susis Freundinnen da anriefen, wo sie gerade nicht war, oder der angeschwärmte Benni da klingelte, wo Susi die Tür nicht aufmachte.

Schließlich konnten ja nicht alle in ihren Kalender schreiben, wann Susi wo war. Nicki hatte noch keinen Schwarm, und telefoniert wurde bei ihm auch fast nicht. So war das alles für ihn kein Problem.

Aber Susi hatte jetzt Kosmetiksachen. Sie wollte jeden Tag etwas anderes anziehen und hatte außerdem viele Schulbücher. So wurde ihr Gepäck immer umfangreicher, und immer öfter war das, was sie gerade brauchte, in der anderen Wohnung. Schließlich war sie so unglücklich, daß es auch die Eltern merkten. Darum setzten sich alle zusammen, um darüber zu reden.

„Ich komme mir vor wie eine Zigeunerin ohne Wohnwagen", sagte Susi. „Ich weiß einfach nicht mehr, was ich machen soll."

„Was habt ihr Mädchen auch immer so viel Kram!" Nicki tat cool.

„Bäh", machte Susi und war wütend.

„Ich kann mir ja schließlich auch nicht alles doppelt kaufen. Das ist viel zu teuer", fing sie nach einer Weile wieder an.

„Das stimmt allerdings", sagte der Vater. „Aber was meinst du denn, was wir da machen könnten?"

„Wenn ich das richtig verstehe, Peter, dann will sie jetzt einen festen Wohnsitz haben." Die Mutter sah traurig von einem zum andern.

„Bloß wo?" fragte Nicki. „Und was ist mit mir?"

Alle waren bedrückt und still und hätten am liebsten das Rad ihrer Geschichte weit, weit zurückgedreht. Aber das ging ja nicht.

„Ist es denn so schlimm, wenn man ein einziges Zuhause will?" rief Susi dann und hatte Tränen in den Augen.

„Überhaupt nicht, Susi. Nur mußt du dich dann für einen Ort und gegen den anderen entscheiden." Mutter versuchte ruhig zu bleiben.

„Ich will aber niemandem wehtun. Ich will nur meinen festen Ort, ohne Umzieherei."

„Dann wirf doch eine Münze", schlug Nicki vor. Manchmal hatte er wirklich lustige Ideen. Zuerst stutzten alle, dann lachten sie.

Peter holte ein Fünfmarkstück aus seiner Geldbörse.

„Willst du Zahl oder Adler, Claudia?"

„Adler natürlich."

Susi warf das Fünfmarkstück hoch. Es landete klirrend auf dem Tisch und zeigte ... den Adler.

Da mußten sich nun alle mit dem Spruch dieses Orakels abfinden und vertraut machen.

„Für mich gilt er aber nicht", rief Nicki. „Ich zieh gerne hin und her. Ich finde das lustig."

Susi hatte von nun an ihren „festen Wohnsitz" bei ihrer Mutter und besuchte ihren Vater so oft es ging.

„Am besten ist, daß ich jetzt meine Schminksachen so schön vor den Spiegel hinordnen kann wie Mama", sagte Susi. Das war ein Bild für vieles andere, was man nicht so ausdrücken kann.

Die Welt von oben betrachtet

Ole besuchte zum ersten Mal seinen Vater in Schweden. Er konnte sich nicht an ihn erinnern. Nur ein Foto hatte er von ihm. Oles Eltern waren nie verheiratet gewesen.

„Wolltet ihr nicht?" hatte Ole seine Mutter gefragt.

„Nein, weißt du, damals waren die Zeiten nicht danach."

Darunter konnte Ole sich nicht sehr viel vorstellen.

„Und ich?" fragte er.

„Na du, du warst ein glücklicher Zufall, ein Glücksfall, sozusagen." Oles Mutter lachte und kullerte mit ihm auf dem Teppich herum.

Ole hatte einen Vater nie vermißt. Aber jetzt, als er vierzehn geworden war, wollte er doch gerne mal wissen, wie sein Vater eigentlich war.

„Er sieht aus wie du", sagte seine Mutter.

Ole saß jetzt im Flugzeug und schaute zum Fenster hinaus. Unter ihm wurde die Erde klein. Der Abschied war schwierig gewesen. Seine Mutter hatte geweint und ihn angesehen, als ginge er für immer fort. Ole verstand das überhaupt nicht.

„Aber Mama, das sind doch bloß die Ferien!"

Er haßte Gefühlsausbrüche und war froh, als er sich hinter die Zollabsperrung flüchten konnte. Dabei hatte er auch ein bißchen schlechtes Gewissen, wußte aber nicht, warum.

Jetzt sah er seine Stadt da unten liegen, niedliche kleine Spielzeughäuschen auf einem Flickenteppich von braun-grünen Feldern. Sein Haus, seine Mutter und seine Probleme wurden ebenfalls klein, winzig sogar, angesichts der weiten Welt, die

ihn umgab. Er erkannte Flüsse und Bergrücken und immer
wieder kleine Häuseransammlungen. Dann tauchte er in die
Welt der Wolken ein.

Bislang hatte er sie immer nur wie eine flache Ebene, eine Wol-
kendecke erlebt. Jetzt tat sich ihm die dreidimensionale Welt
der Wolken auf. Große und kleine, langgestreckte und runde.
Ganz unten zogen kleine weiße Knubbelwolken wie Schafe
übers Land.

Und dann war er über den Wolken. Jetzt bildeten sie eine
dichte, pelzige Decke. Die Erde war verschwunden. Und oben
schien hell die Sonne.

Dann wurden im Flugzeug kleine Pappköfferchen verteilt.
Darin waren belegte Brötchen und Joghurt. Zu trinken gab
es, was man wollte. Und Schokolade gab es auch. Ole konnte
sich nicht lange damit beschäftigen, denn jetzt war schon wieder die Erde zu sehen. Aber es war eine ganz andere Erde, als
Ole sie kannte. Wie eine große Büffelherde hoben sich Bergrücken aus dem Nebel und verschwanden wieder. Dann breitete sich eine Inselwelt aus. Meer und Land spielten miteinander. Sie schienen zu wetteifern, wer die schönsten
Rundungen zu Wege brachte und den meisten Platz einnahm.
Kleine Wolkenzipfel flogen wie Gespenster ganz nah über
dem Meer. Man konnte ihre kleinen Schatten auf dem Wasser
sehen. Das Meer breitete sich aus, eine stahlblaue, geriffelte
Oberfläche, auf der ab und zu ein punktkleines Schiff zu
sehen war. Es war wie im Kino.

Dann bat der Flugkapitän, sich wieder anzuschnallen, denn
jetzt wollte er in Stockholm landen. Ole war verblüfft, wie
schnell die Zeit vergangen war. Doch dann bekam er plötzlich

ganz großes Lampenfieber oder Reisefieber oder Vaterfieber, oder wie man das nennen wollte. Seine Hände wurden feucht, seine Knie zitterten, und sein Atem ging schnell. Als das Flugzeug gelandet war, wäre er am liebsten sitzengeblieben und gleich wieder zurückgeflogen. Aber das ging natürlich nicht.

An der Absperrung stand sein Vater. Ole erkannte ihn nach dem Foto. Sie liefen aufeinander zu und umarmten sich. Beide hatten Tränen in den Augen. Ole fühlte zum ersten Mal in seinem Leben eine väterliche Umarmung. Und die fühlte sich gut an.

„Das ist meine Frau Inga", sagte der Vater dann. Ole sah ein schlanke, hochgewachsene, blonde Frau, die ihn freundlich anlachte. Er traute sich nicht, sie schön zu finden, denn das kam ihm wie Verrat an seiner Mutter vor. Unsicher begrüßte er sie. Der Vater pfiff unterdessen durch die Finger, worauf zwei strohblonde Buben auftauchten und Ole neugierig musterten.

„Da sind Kalle und Pelle, deine Halbbrüder", sagte der Vater, und alle gaben sich höflich die Hand. Ole war das alles nicht recht geheuer. Er hatte ganz vergessen, daß sein Vater ja eine neue Familie hatte. Insgeheim hatte er gehofft, der einzige Sohn seines Vaters zu sein. Statt dessen sagte Inga jetzt: „Und zu Hause ist noch deine kleine Schwester Silja."

Ole war froh, daß sie jetzt erst mal eine Weile im Auto fuhren. Sein Vater hatte einen schönen Volvo, natürlich. Ole hätte gerne „unser Volvo" gesagt. Aber bisher war ihm alles sehr fremd. Kalle und Pelle quasselten die ganze Zeit, wovon er nur sehr wenig verstand. Es ärgerte ihn, daß sie Pa zu seinem

Vater sagte. Und es ärgerte ihn, daß er sich darüber ärgerte. Das war doch schließlich ganz normal und ihr gutes Recht. Und was war sein Recht? Ole hatte sich das alles viel leichter vorgestellt.

Dann kamen sie zu einem schön bemalten Holzhaus. Da wartete die Oma mit dem Abendessen auf sie. Die kleine Silja kreischte in ihrem Kinderstühlchen und wollte von Ole auf den Arm genommen werden.

„Das ist ja erstaunlich", sagte Inga. „Sonst fremdelt sie nämlich." Aber Silja und Ole waren vom ersten Augenblick an gute Freunde.

Mit Kalle und Pelle war es schon schwieriger. Einerseits bewunderten sie ihren neuen, großen Bruder. Andererseits wollten sie ihm durch allerlei Streiche imponieren. Ole fühlte sich hilflos, weil er die Sprache nicht konnte. Aber dann redete er einfach deutsch mit ihnen. Das machte ihn sicherer, und die Buben fanden das interessant. Am ersten Abend fiel Ole wie ein Stein ins Bett und schlief traumlos und lange.

Dann reihte sich ein Ereignis ans andere. Schwimmen, fischen, bergsteigen, Feuer machen, reiten und Kanu fahren. Ole vergaß ganz darüber nachzudenken, wie denn eigentlich die Familienverhältnisse waren. Er hatte einfach Spaß.

Nur einmal, als sie am See Bekannte trafen und jemand sagte:
„Ich wußte gar nicht, Inga, daß du schon so einen großen Sohn hast." Und Inga antwortete:
„Das ist nicht mein Sohn. Das ist der Sohn von meinem Mann. Er ist aus Deutschland zu Besuch da."
Da fühlte Ole sich ausgeschlossen, fremd und fehl am Platz.

Obwohl er der Älteste war, schien er nicht richtig zu sein. Alle waren freundlich zu ihm, aber „richtig" waren nur Kalle und Pelle.

Ole lief in den Wald. Er war traurig und auch wütend auf seine Eltern, die ihn in so eine unordentliche Welt gesetzt hatten. Am liebsten hätte er sie gestraft. Aber wie?

Lange lief er im Wald umher, und schließlich hatte er sich verirrt. Es wurde schon dunkel, und er hatte keine Ahnung, wohin er sich wenden sollte. Erschöpft setzte er sich unter einen Baum und dachte an die Wölfe, die es hier noch geben sollte. Bei jedem Knacken fuhr er zusammen. Eben noch hatte er sterben wollen, aber jetzt fürchtete er um sein Leben. Er dachte an all das Gute, das er mit seiner Mutter erlebt hatte. Und er dachte auch an all die Freundlichkeit seiner Halbfamilie hier in Schweden. Eigentlich hatte er doch ein schönes Leben. Sogar von oben hatte er die Welt schon gesehen. Als er daran dachte, mußte er lachen. Wie winzig klein er wohl – vom Flugzeug aus gesehen – hier unten hockte. Eine unbedeutende Ameise.
   Dann fürchtete er plötzlich wieder, daß ihn vielleicht niemand vermißte, niemand suchen würde. Er wurde hungrig und ihn fror. Darum stand er auf und tastete sich im Dunkel weiter. Der Wald schien endlos. Aber irgendwo mußte er doch mal aufhören. Ole stolperte über eine Wurzel und fiel hin. Er war dem Weinen nahe.

Als er sich wieder aufrichtete, sah er in der Ferne ein Licht. Das Licht kam schwankend näher. Dann wurden es viele Lichter, und auf einmal hörte er seinen Namen rufen, immer und immer wieder.

„Ole, Ole!"

„Hier, hier bin ich!" Er rannte stolpernd weiter. Es dauerte noch eine ganze Weile, bis er die Lichter erreichte. Der Vater fing den Erschöpften auf und drückte ihn an sich.

„Verrückter Bub, verrückter!"

„Das ganze Dorf war auf den Beinen, um Sven Lundquists ältesten Sohn zu suchen", sagte der Förster. „Nachdem wir ihn nun gefunden haben, wäre ein Bierchen nicht schlecht."

„Ein Schnäpschen auch nicht", sagte ein anderer. Alle lachten und zogen gemeinsam zur Dorfkneipe, wo Oles Vater einen ausgab. Oder auch zwei. Ole trank zum ersten Mal in seinem Leben Bier. Es schmeckte scheußlich, aber Ole fühlte sich wunderbar. Geliebt, geachtet und wichtig.

Noch tagelang wurde im Dorf von diesem Ereignis gesprochen.

„Hast du schon gehört, daß Svens ältester Sohn... nein, nicht Kalle, sondern Ole... ja, ja, fast die ganze Nacht..." Auf einmal war Ole ein bekannte Persönlichkeit. Ole, der älteste Sohn von Sven Lundquist. Kalle und Pelle sahen ehrfürchtig zu ihm auf. Hatte er es doch „fast die ganze Nacht" allein im Wald ausgehalten.

Oma fütterte Ole mit allerlei Leckerbissen, und Inga fragte immer wieder besorgt, ob er sich auch wohl fühle.

Dennoch ging der Sommer zu Ende, und Ole mußte wieder nach Deutschland fliegen. Die ganze Familie begleitete ihn zum Flughafen. Als alle sich verabschiedet hatten, entstand ein Moment der Stille. Und da sagte Klein-Silja auf einmal:

„Ole."

Alle staunten sehr, denn das war ihr erstes Wort.

Als Ole im Flugzeug saß, wurde die Welt unter ihm wieder klein. Das kleine Land Schweden und das kleine Deutschland auf dem kleinen Planeten Erde. Und er, Ole, konnte fliegen, wohin er wollte. Na ja, nicht ganz.

Aber jetzt wußte er, was er werden wollte: Pilot!

In einer Patchworkfamilie leben

Zitterschnäuzchen

Wenn Simon anfing zu weinen, dann zitterte seine Unterlippe. Das sah süß und sehr komisch aus. Darum lachten seine älteren Geschwister auch immer, wenn sie es sahen. Simon fand das gemein.

„Was denn, sollen wir etwa immer mitheulen?" fragte sein Bruder flapsig. „Da hätten wir ja viel zu tun."

Es stimmte leider, Simon weinte oft. Er hatte aber auch einen schweren Stand. Erst war sein Vater ausgezogen. Dann hatte seine Mama einen anderen Mann geheiratet, der noch zwei große Kinder mitgebracht hatte. Und nun gab es auch noch ein neues Baby. Simon war also weder groß, noch war er der Kleinste. Er schien einfach keinen Platz zu haben. Aber wie sollte man das ändern?

Eines Tages brachte Simons neuer Vater ganz unerwartet ein kleines weißes Kaninchen mit. Alle Kinder kamen angerannt.

„Ach, ist das süß! Gehört das jetzt uns?" fragten sie.

„Nein, es gehört nur einem von euch. Nämlich dem, dem es am ähnlichsten sieht", sagte der Vater.

Das Kaninchen saß ganz ängstlich auf dem Teppich, machte große Augen und … sein Schnäuzchen zitterte unaufhörlich.

Die Kinder sahen zuerst das Kaninchen und dann Simon an. Es war klar, wem das Kaninchen gehören würde.

„Ich war mal in Burma", sagte der Vater. „Da habe ich eine Kaninchengeschichte gehört. In der wird erzählt, warum das Kaninchen ein Zitterschnäuzchen hat."

„Erzählen, erzählen!" riefen die Kinder, denn Vaters Geschichten waren immer lustig.

„Es war einmal ein wunderschönes weißes Kaninchen", begann der Vater. „Und im gleichen Wald lebte auch ein kleiner Frosch. Der beneidete das Kaninchen wegen seiner Schönheit. Darum wollte er ihm einen Streich spielen. Er versteckte sich hinter einem Stein, und als Kaninchen vorbeihoppelte, schrie er ganz laut ‚Quaaak!'

Das arme Kaninchen erschrak furchtbar, machte einen großen Satz und versteckte sich in einem hohlen Kürbis, der am Wege lag. Der Kürbis rollte einen Abhang hinunter und erschreckte einen Fasan. Der Fasan flog auf und landete auf einem Bambuszweig. Der Zweig brach ab und fiel auf ein Wildschwein, das gerade eine Gurke aß. Die Gurke fiel ihm aus der Schnauze und rollte in einen Teich. In dem Teich wohnte aber Naga, der schreckliche Drache.

Aus seinem Mittagsschläfchen aufgeschreckt, wollte er wütend auf die Gurke einschlagen. Aber die Gurke jammerte:

‚Ich bin unschuldig. Das Wildschwein hat mich fallen lassen.'

Da stürzte sich der Drache auf das Wildschwein. Aber das grunzte:

‚Ich bin unschuldig. Der Bambus hat mich erschreckt.'

Der Bambus schob die Schuld auf den Fasan, der Fasan auf

den Kürbis. Und aus dem Kürbis kam das kleine weiße Kaninchen.

Der Drache sah es böse an und schrie:

,Jetzt werde ich dich fressen!'

Das arme Kaninchen wagte nicht, sich zu rühren, und wagte auch nichts zu sagen. Nur sein Schnäuzchen zitterte vor Aufregung.

Naga, der Drache starrte auf dieses kleine Zitterschnäuzchen. Er war geradezu fasziniert davon. Es sah so rührend und auch sehr komisch aus. Und auf einmal fing der Drache an zu lachen. Er lachte und lachte. Er war überhaupt nicht mehr wütend, sondern trollte sich vergnügt zurück in seinen Teich.

Das kleine Kaninchen war froh, daß der Drache es nicht gefressen hatte. Und Frosch war froh, daß Kaninchen ihn nicht verraten hatte. Aber sein Zitterschnäuzchen, das behielt Kaninchen für immer. Und alle seine Nachkommen bekamen es auch. Jeder, der das sieht, wird daran erinnert, daß Kaninchen einen Drachen zum Lachen gebracht hat. Dann muß man natürlich auch lachen, so wie ihr immer."

Simon hatte das weiße Tierchen auf seinen Arm genommen. Es fühlte sich weich und warm an.

„Hua, ich bin Naga, der Drache", rief Simons großer Bruder. Das Kaninchen kuschelte sich ängstlich an Simon an, und sein Schnäuzchen zitterte. Alle lachten, und Simon fühlte sich nicht schlecht dabei. Denn er hatte jetzt auch etwas Besonderes: Ein weißes Kaninchen mit einer Geschichte.

„Wie soll es denn heißen?" fragte der Vater.

Was meint ihr wohl, was Simon gesagt hat?

Der Fingerverband

Seit sein Vater nach England gezogen war, lebte Alfi mit seiner Mutter allein. Das machte er gern, denn seine Mama war eine sehr schöne und liebe Frau, die beste von der Welt. Alfi hatte sie sehr gern.

Nach einiger Zeit wurde sein Glück allerdings getrübt. Und zwar von diesem gräßlich blonden, gräßlich nach Rasierwasser riechenden, gräßlich netten Harry, der so gräßlich lachte und Mama immer gräßliche Geschenke mitbrachte. Immer öfter erschien dieser Harry bei ihnen zu Hause. Alfi konnte so ekelhaft sein, wie er wollte, das schreckte Harry nicht ab.

Eins verstand Alfi nicht. Nämlich, warum seine Mama diesen Harry so gut leiden konnte. Und da war sie nicht die einzige. Einmal hatte Harry Alfi morgens in den Kindergarten gebracht. Da sagten die Kinder dann:
„Der sieht aber gut aus. Heiratet den deine Mama?"
Aber Alfi hatte geschrien: „Nein, nein, nein. Ich behalte meine Mama für mich!"

So ging das nun eine ganze Weile. Alfi konnte nie verstehen, warum Mama den Harry so gut leiden konnte. Und Mama konnte nicht verstehen, warum Alfi den Harry überhaupt nicht leiden konnte.
Einmal mußte Mama ganz lange im Büro bleiben, weil es so viel Arbeit gab. Da mußte Alfi mit Harry alleine zu Hause bleiben. Das war beiden nicht gerade recht. Aber Mama zuliebe taten sie es.

88

Alfi wußte nicht, was er anfangen sollte. Mißmutig schmiß er sein Auto in die Ecke, so daß zwei Räder absprangen. Harry setzte sich hin und reparierte das Auto. Danach fuhr es wieder tadellos. Alfi fand das eigentlich sehr nett. Aber er war zu stolz, um es sich anmerken zu lassen. Lieber setzte er sich vor den Fernseher und tat unbeteiligt. Harry war darüber traurig, sagte aber nichts.

Statt dessen ging er in die Küche, um das Abendessen zu kochen. Offenbar hatte er das noch nicht oft gemacht, denn plötzlich hörte Alfi einen Schrei und danach ein großes Gejammer. Er rannte in die Küche. Und da stand Harry und hielt seinen blutenden Finger über das Spülbecken. Das Messer war auf den Boden gefallen.

„Ogottogott", rief Alfi. „Was soll ich machen?"

„Den Verbandskasten", jammerte Harry. „Weißt du, wo der Verbandskasten ist?"

Natürlich wußte Alfi, wo der Verbandskasten war. Er kletterte im Badezimmer auf einen Stuhl und holte ihn aus dem Schränkchen. Dann rannte er damit in die Küche. „Aua, aua, aua", jammerte Harry, kaum, daß Alfi in Sicht kam. Alfi wunderte das nicht. Er selbst machte das auch immer so.

Alfi nahm ein Verbandspäckcken und stieg auf den Küchenhocker.

„Zeig mal her", sagte er und tupfte die Wunde mit einem Tupfer ab. Dann streute er Wundpuder darauf und wickelte einen Verband um den Finger. Er wickelte und wickelte, bis schließlich ein schöner großer Verband dabei herauskam. Harry ging es zunehmend besser. Schließlich setzte er sich mit einem Seufzer hin und sagte:

„Also, ich weiß gar nicht, was ich ohne dich gemacht hätte!"
Da war Alfi sehr stolz.

„Aber unter Männern", sagte Harry dann, während er mit einer Hand das Spülbecken sauber machte. „Das war ja nun nicht gerade eine Ruhmestat von mir. Weißt du was? Jetzt gehen wir einfach nach nebenan und essen dort eine Pizza. Was meinst du?"
Alfi war noch nie so spät eine Pizza essen gegangen. Er kam sich sehr wichtig vor.

Als Mama nach Hause kam, fand sie niemanden in der Wohnung. Dafür aber den offenen Verbandskasten.
Sie wollte sich schon Sorgen machen, da kamen ihre Männer singend die Treppe herauf.
„Ja, wo wart ihr denn?" fragte sie höchst erstaunt und schaute auf den enormen Fingerverband.
„Unter Männern", sagte Alfi mit tiefer Stimme. „Nach dem Schreck mit dem Finger mußten wir erst mal was Ordentliches essen gehn."
Das konnte Mama gut verstehen.

Vater Erpel und Mutter Huhn

Es waren Sommerferien, und Familie Schmitt zeltete am See. Die Kinder hatten Holz gesammelt, und Vater machte ein Feuer. Mutter verpackte Kartoffeln in Alufolie.
„Hab' auch 'n Tnüppel funden", sagte Klein-Kerstin und

schleppte einen dicken Ast hinter sich her. Alle lachten, nur Jennifer nicht.

„Knüppel heißt das", sagte Kalle. „Kerstin, sag mal K-K-Knüppel!"

„T-T-Tnüppel!" versuchte Kerstin.

„Heute war wieder ein schöner Tag", sagte Mutter. Aber Jennifer fand das überhaupt nicht.

„Ja, weil Grete einem nie was erlaubt", pflichtete Jörg seiner Schwester bei.

Das wollte Vater jetzt genauer wissen.

„Sie wollte uns heute mittag nicht zu der Insel schwimmen lassen", erzählte Jennifer vorwurfsvoll.

„Wenn ich mit euch allein am See bin, dann habe ich auch die Verantwortung", erklärte Mutter.

„Ja, ja, bloß, weil deine Kinder nicht schwimmen können."

„Tann slimmen, du Blöde!" Kerstin stellte sich vor ihre Mutter.

„Halt, halt", rief der Vater. „Deine, meine, unsre, eure, ich dachte, darüber wären wir hinaus."

„Hättest du ihnen wirklich erlaubt, bis zur Insel zu schwimmen, Franz?" fragte Mutter ungläubig.

„Ja, weißt du, Grete, das mußt du im Zusammenhang sehen. Die Kinder sind ja praktisch wie die Entenküken aufgewachsen, und ich weiß ja, wie gut sie schwimmen können. Was nicht heißt", wandte er sich wieder an die Kinder, „daß ihr nicht machen müßt, was Mutter sagt."

„Wenn sie unsre Mutter sein will, dann darf sie uns auch nicht so viel verbieten", maulte Jennifer.

„Natürlich darf sie", sagte Kalle. Aber Jennifer schrie sofort: „Und du hängst nicht immer den Ältesten raus!"

Na, das konnte ja heiter werden. Diese Familie sah auf den ersten Blick ganz gewöhnlich aus, aber sie war ein bißchen ungewöhnlich. Das werdet ihr ja schon gemerkt haben. Als Franz Schmitt und Grete Bögner heirateten, da waren alle Kinder schon geboren. Franz brachte Jennifer und Jörg mit, und Grete brachte Kalle und Kerstin mit. Während Kerstin nach wie vor die Jüngste war, mußte Jennifer ihren angestammten Platz als Älteste an Kalle abtreten. Der war nämlich schon zehn, während sie erst acht war. Das wurmte sie sehr. Vater nannte sie zwar immer noch „meine Große", aber Grete hatte als neue Mutter doch eindeutig mehr zu sagen.

Nun drohte der schöne Ferienabend am See ins Wasser zu fallen.

„Wozu sind wir überhaupt hierher gefahren, wenn man nicht mal schwimmen darf?" fragte Jörg.

Mutter warf die eingepackten Kartoffeln zum Garen in die Glut. Viel Lust hatte sie nicht mehr dazu. Aber Vater verlor nicht den Mut.

„Wißt ihr was? Solange wir auf die Kartoffeln warten, erzähl ich euch was. Also: Es war einmal ein Erpel."

„Issn das?" fragte Kerstin.

„Das ist der Mann von der Ente. Der mit dem grünen Kopf, weißt du?

Also, diesem Entenmann, dem war seine Frau …"

„Davongeflogen", sagte Jennifer. Es klang traurig.

„Ja, auf und davon. Nach Schottland oder so. Das war schlimm, aber auch wieder nicht zu schlimm, denn sie hatte ihm zwei reizende kleine Entenküken dagelassen, ein braunes und ein gelbes. Den ganzen Tag spielten sie im Teich herum, tauchten auf und nieder, fraßen Würmchen und Entengrütze, und wenn es ihnen zu kalt wurde, dann gingen sie auf die Wiese und wärmten ihr Gefieder in der Sonne. Eines Tages, als die Küken allein im Ufermatsch spielten, da begegnete der Erpel einem reizenden Huhn."

Mutter, die nur widerwillig dabeigeblieben war, mußte jetzt lachen.

„Der dazugehörige Hahn krähte nach Hahnenart vielen anderen Hühnern nach und war die meiste Zeit nicht da. Darum hatte das hübsche Huhn beschlossen, allein sein Glück zu versuchen. Es lief mit seinen zwei niedlichen Küken durch Feld, Wald und Wiesen und sammelte Körnchen und Würmchen."

„Als es aber den Erpel mit dem schönen grünen Kopf sah, verliebte es sich sofort in ihn", rief Mutter dazwischen und lachte.

„Pscht, Mama nicht zählen. Papa zählt", sagte Kerstin und hielt ihrer Mutter den Mund zu.

Nachdem der Vater die Kartoffeln in der Glut zurechtgerückt hatte, erzählte er weiter:

„Weil auch der Erpel das Huhn sehr liebgewann, zogen sie alle zusammen in ein kleines Reisighaus. Alle Küken spielten zusammen. Und das ging auch gut, obwohl die einen mehr trippelten und die anderen mehr watschelten."

Jetzt mußten auch die Kinder lachen.

„Ganz besonders praktisch war es aber, daß immer einer der Eltern bei den Kindern bleiben konnte, während der andere auf Futtersuche ging. Einmal mußte der Erpel gründeln."

„Was issn kründln?" fragte Kerstin wieder.

„So nennt man das, wenn die Enten unten im Teich im Schlamm nach Futter wühlen", sagte Vater. „Die Hühnermutter ging solange mit den Küken über die Wiesen und Felder. Die Entenküken liefen ganz brav, eins nach dem andern, hinter ihr her, denn so hatten sie es bei ihrem Vater gelernt. Das gefiel Mama Huhn, und sie steckte ihnen manch guten Bissen zu, Körnchen und Würzelchen, denn sie war für Vollwertkost.

Als sie aber an den Teich kamen, da gab es für die Entenküken kein Halten mehr. Ohne auf das ängstliche Piepsen der Hühnchen zu hören, warfen sie sich ins Wasser und schwammen davon. Sie tauchten auf und nieder, streckten mal ihren Kopf, mal ihre Schwänzchen in die Höh' und hatten ihren Spaß. Die Hühnermutter gackerte, rannte am Ufer hin und her und rang verzweifelt ihre Flügel."

Jetzt prusteten alle vor Lachen. Ein Huhn, das die Flügel rang, das war zu komisch.

„Die Entenküken verstanden gar nicht, was die Hühnermutter wollte, denn sie wußten ja nicht, daß ihr das Element des Wassers fremd und bedrohlich vorkam. Sie planschten fröhlich weiter, bis plötzlich ..."

„ ... das Ungeheuer von Loch Ness auftauchte."

„Nein, Jörg, das war es nicht, aber der Erpelvater sah beinahe so aus, denn er hatte lauter Entengrütze auf dem Kopf.

‚Himmel, Holz und Zwirn', schimpfte er. ‚Habe ich euch nicht gesagt, ihr sollt bei Mama Huhn auf den Feldern bleiben?'

Die kleinen Enten sahen Mama Huhn und ihre Küken ängstlich am Ufer stehn.

‚Warum kommen die nicht ins Wasser?' fragten sie erstaunt. Ja, da mußte den dummen Entchen nun erst einmal erklärt werden, was ein Huhn ist. ‚Ach so', sagten sie. ‚Das haben wir ja gar nicht gewußt.' Sie kamen mit ans Ufer, um mit ihren neuen Geschwistern Kratzfüßchen zu spielen. Dabei gewannen nun die Hühner meist, weil man ohne Schwimmhäute zwischen den Zehen eben besser kratzen kann."

„Wie geht denn Kratzfüßchen?" fragte Kerstin. „Wolln das auch mal spielen." Aber das wußte Papa jetzt nicht so genau.

„Jedenfalls machte es Spaß. Und dafür nahmen die Entenküken die Hühnerküken das nächste Mal auf ihrem Rücken mit zum Schwimmen. Das sah sehr interessant aus, wie ihr euch denken könnt. Und als zufällig ein Zirkusdirektor vorbei kam, fragte er sofort: ‚Seid ihr mit der Nummer noch frei?' Aber dann ..."

„Aber dann waren die Kartoffeln gar, und alle Küken mußten essen, denn sie hatten einen Bärenhunger", sagte jetzt Mutter.

Darin stimmten ihr alle zu, holten Butter, Salz und Salat und ließen es sich gut schmecken.

So wurde es doch noch ein schöner Abend am See.

„Morgen erzählst du uns das mit dem Zirkus", sagte Jennifer, ehe sie schlafen ging. „Ich übe auch schon mal mit dem Kerstin-Küken."

„Hastu eintlich Schwimmhäusle?" fragte Kerstin, schon halb im Schlaf.

„Schwimmhäute, heißt das, Kerstin. Schwimmhäute", verbesserte Jörg. Auf einmal fühlte er sich auch für diese kleine Schwester verantwortlich.

Die Brüder, so fremd

Angeben ist jedem Jungen sozusagen angeboren. Es gehört einfach zum Leben dazu, daß ein Junge angibt. Wer angibt, hat mehr vom Leben, heißt es ja nicht ohne Grund. Ja, man könnte sogar so weit gehen zu sagen: Wer nicht angibt, hat gar keine Chance. Bei den Mädchen nicht und auch sonst nicht im Leben. Imponiergehabe nennt man das, und es ist überall auf der Welt zu beobachten. Nehmen wir zum Beispiel mal die Pinguinjungs. Die geben doch wer weiß wie an, nur um bei den Pinguinmädchen Eindruck zu machen: Wer die meisten Fische fangen kann, wer am elegantesten tauchen kann, wer am längsten auf einem kalten Stein stehen kann, wer am schnellsten watscheln kann. Ja, ein ganz Verrückter wollte sogar einmal einen Rekord aufstellen. Wißt ihr womit? Wer am längsten auf einem Bein stehen könne. Also, das sieht bei Pinguinen wirklich ziemlich lächerlich aus. Aber was soll ich euch sagen, den Mädchen hat's gefallen. Und der Rekordhalter hat sofort eine Frau bekommen. Man muß als Junge einfach angeben, egal, wie blöd das auch sein mag.

Da war zum Beispiel mal ein Vater, der hatte nur vier Söhne. Ja, manche haben eben kein Glück. Aber ein bißchen Glück hatte dieser Witwer doch, denn er heiratete eine Frau mit einem kleinen Töchterchen.

Die Brüder waren etwas irritiert, denn sie hatten lange einen Männerhaushalt gebildet. Sie wußten nicht so recht, was sie mit einer kleinen Schwester anfangen sollten.

Die kleine Tochter war sehr schön. Als sie größer wurde, zeigte sich, daß sie auch klug war. So war sie wirklich etwas

96

Besonderes, was man nicht von allen Söhnen sagen konnte. Das führte natürlich zu gewissen Spannungen.

Einerseits mochten die Brüder ihre kleine Schwester gern, andererseits war sie ihnen lästig, weil sie immer auf sie aufpassen mußten.

„Nehmt auch die Kleine mit", rief die Mutter jedes Mal, wenn sie in den Wald oder auf den Spielplatz gehen wollten. Als die Schwester noch klein war, stellten sie den Kinderwagen irgendwo ab und gaben ihr eine Semmel zum Knabbern. Dann saß sie zufrieden da und sah ihnen beim Spielen und Raufen zu. „Buben laut!" war einer ihrer ersten Sätze.

Aber später wollte sie mitspielen. Das war lästig, denn dann mußten die Brüder auf sie Rücksicht nehmen und durften nicht so wild raufen. Sie wollten ihr mit ihrer Stärke imponieren.

„Guck mal, was ich für Muckis habe", sagte ein Bruder.

„Solche bekommst du nie!"

Die Schwester schaute auf die Beule an seinem Oberarm und sagte:

„I, nein danke, das will ich auch gar nicht."

„Aber damit kann ich zehn Klimmzüge machen und du nicht", sagte der Bruder und fing an, an der Teppichstange rauf- und runterzuhangeln.

„Zehn ist ja gar nichts", rief ein anderer Bruder. „Ich schaffe zwölf."

Und plötzlich fingen alle Brüder an, sich keuchend und schwitzend im Klimmzugmachen zu überbieten. Manche schafften es nicht und wurden ausgelacht.

„Warum sind nur Brüder so blöd?" fragte sich die Schwester, setzte sich gemütlich auf die Wiese und pflückte Gänseblümchen.

Als sie nach Hause kamen, freute sich die Mutter über das Sträußchen. Aber mit den Brüdern schimpfte sie wegen der verdreckten Hosen und zerrissenen Hemden.

„Doofe Ziege", sagten die Brüder leise zu ihrer Stiefschwester.

Ein andermal spielten die Brüder auf dem Dorfplatz Kicken.

„Hallo, hallo", rief da ihre kleine Schwester plötzlich. „Hallo, hallo, Hilfe. Ich bin hier oben."

Die Brüder sahen sich um. Ganz oben auf einem Dach saß die Kleine.

Schöne Bescherung!

„Wie bist du denn nur da raufgekommen?"

„Vom Heuwagen bin ich raufgekrabbelt", rief die Schwester. Aber der war inzwischen weggefahren. Was nun?

Ein Bruder suchte nach einer Leiter. Ein anderer versuchte, von innen durch die Dachluke zu kommen, und der Dritte holte ein Seil. Keiner traute sich aber so recht, auf das Dach zu steigen, weil es sehr schräg war. Alle redeten wild durcheinander.

Und auf einmal rutschte das Schwesterchen vom Dach herunter und direkt auf den Fliederbusch. Der fing es mit seinen Zweigen sanft auf, so daß es nur noch auf die Erde steigen mußte.

„Ich hab den Fliederbusch nämlich gesehen", rief das kleine Mädchen, und ein Seufzer der Erleichterung ging durch die Brüderschar. Der Älteste nahm das Schwesterchen auf die Schulter.

„Achgottachgott. Sowas machst du aber bitte nicht wieder!"

„Ein Glück nur, daß du nicht auf den Kopf gefallen bist, sondern ein gescheites Mädchen."

„Na ja, sie ist ja unsere Schwester." Stolz waren sie auf ihre Schwester schon.

„Aber wehe, du machst uns nochmal so Angst."

Als sie aber zu Hause ankamen, da hörte sich die Geschichte schon ganz anders an. Erstmal erzählten die Brüder, wie sehr sie immerzu auf das Schwesterchen aufgepaßt hätten. Nur einen Augenblick hätten sie nicht hingesehen. Und schon sei sie aufs Dach geklettert. Ja, und dann hätte der eine sich mutig zum bösen Gärtner getraut und um die Leiter gebeten. Er sei dann auch gleich raufgeklettert. Aber die Leiter sei zu kurz gewesen.

Unterdessen habe der andere Bruder ganz schnell ein Seil vom Seiler geholt. Ganz außer Atem sei er gewesen. Und der Dritte habe die brummige Frau Müller dazu gebracht, ihm den Dachboden aufzuschließen, damit er aus der Dachluke zum Schwesterchen habe klettern können. Ganz schwindelig sei ihm geworden. Aber trotzdem habe er sich rausgewagt, während ein anderer beruhigend auf die Kleine eingeredet habe. Und so hätten sie dann alle zusammen das arme, liebe Schwesterchen gerettet, gerade noch, bevor der Älteste die Feuerwehr hätte holen müssen.

Vater und Mutter hörten diesem Ereignisbericht mit gemischten Gefühlen zu. Aber am erstauntesten war die Schwester.

„Warum sind Brüder so blöd und müssen so angeben?" fragte sie mit ihrer hellen Stimme. Aber darauf wußte niemand eine Antwort. Ja, die Eltern verstanden noch nicht einmal die Frage.

Im Leben der Geschwister gab es noch eine Reihe solcher Vorfälle, die der Schwester unverständlich blieben. Manchmal hatte sie das Gefühl, unter Fremden zu leben. Und manchmal wünschte sie sich, auch ein Junge zu sein. Und dann wieder wünschte sie sich, daß alle ihre Brüder auch Schwestern wären.

„Aber man muß es eben nehmen, wie es kommt", sagte die Mutter.

Eines Tages fiel einer der Brüder vom Fahrrad. Sie hatten ein Rennen veranstaltet, und dieser Bruder war aus der Kurve geflogen.

„Mist!" sagte er, verzog aber keine Miene. Die Schwester sah ihn nach Hause humpeln. Sie lief ihm nach. Da fand sie ihn dann unter der Treppe sitzen und weinen. Sein ganzes Bein war aufgeschürft.

„Sag bloß nichts den anderen", sagte der Bruder. Aber die Schwester rannte und holte ihre Mutter. Das Bein wurde gesäubert und verbunden und der Bruder ins Bett gelegt.

„Von mir aus kannst du ruhig heulen", sagte die Schwester, holte ihm ein Päckchen Tempotaschentücher und eine Rolle Drops. „Dann hab ich dich sogar noch lieber."

„Mädchen haben es eben gut", sagte der Bruder und schluchzte.

„Wieso? Ich dachte immer, Jungen hätten es besser", rief die Schwester erstaunt.

„Nee, Jungen müssen immer stark sein und siegen. Mädchen dürfen auch mal weinen, und niemand findet sie deshalb doof oder hält sie für eine Memme." Der Bruder legte vorsichtig sein Bein etwas anders hin.

„Das wußte ich ja gar nicht", sagte die Schwester.

„Es ist wirklich nicht leicht, immer so zu tun, als sei man stark", fing der Bruder wieder an.

„Da muß man viele Schlappen einstecken. Und dann wird man wütend und auch manchmal gemein. Und wenn man nicht angeben würde, dann käme man ja nie zu was. Aber das sage ich nur dir. Das ist ein Geheimnis."

Der Bruder wurde ein bißchen rot, und die Schwester war ganz überrascht. In diesem Augenblick fühlte sie sich nicht mehr so, als sei sie eine ganz andere Art von Mensch aus einer ganz anderen Art von Familie. Jetzt fühlte sie sich mit diesem Bruder verwandt. Sie verstand ihn zum ersten Mal richtig.

So muß Liebe sein, dachte sie.

Wie Herzen heilen

Der Kummerstein

Als Mattes seine Großeltern besuchte, sahen sie gleich, daß er
Kummer hatte. Kindern sieht man das nämlich an. Sie halten
ihren Kopf gesenkt und lassen die Schultern hängen. Wenn
man sie etwas fragt, dann sagen sie nur: „Hm, hm" und: „Mh,
mh", oder zucken nur mit den Schultern. All das tat Mattes.

Die Großeltern wußten auch warum, aber sie waren zu fein-
fühlig, um gleich darüber zu sprechen. Statt dessen nahm
Großvater seinen Enkel zum Angeln mit. Als sie so still am
Bach saßen, fing Großvater an zu erzählen:

„Als ich ein Junge war, wie du jetzt, da wohnten wir in Kanada.
Ich glaube, das weißt du ja. Zu der Zeit gab es in Kanada eine
Braunbärenfamilie, Vater, Mutter und zwei Kinder. Ich kannte
sie nicht persönlich, aber ich habe ihre Geschichte oft gehört.
 Diese Bärenfamilie wanderte eines Sommers immer weiter in
den Norden, denn das Futter wurde knapp. Mutterbär wäre eigentlich lieber im Süden geblieben, aber Vaterbär zog es hoch
in den Norden, wo das Leben wild und das Land noch unbe-
rührt war. Er träumte davon, ein Polarbär zu werden und sich
als Robbenjäger zu betätigen. Mutter ging mit, so weit sie
konnte. Aber mit den zwei Kindern war das nicht leicht.

Weißt du eigentlich, daß Braunbären und Eisbären eng miteinander verwandt sind? In Kanada sagt man übrigens nicht Eisbär, sondern Polarbär. Das Fell vom Vaterbär wurde schon ganz hell und dicht, und die Kälte machte ihm immer weniger etwas aus. Als sie an die Schneegrenze kamen, sagte Mutter Braunbär aber: ‚Bis hierher und nicht weiter.‘

Vaterbär war mit seinen Gedanken schon im Polargebiet. Er wurde immer mehr zum Polarbären und wartete ungeduldig darauf, daß die Eisdecke zufrieren würde, damit er nach Grönland zum Robbenfischen gelangen könnte. Als das Eis auf sich warten ließ, wurde er grantig, fing Zankereien mit anderen Bären an und schlug seine Bärenkinder. Mutterbär mußte sich immer öfter dazwischen werfen und den Polarbär wegbeißen.

Endlich fror die Eisdecke zu, und alle Polarbären machten sich auf den Weg zur Robbenjagd. Mutter Braunbär blieb allein mit den beiden Braunbärkindern und wanderte langsam wieder in wärmere Gefilde.

Obwohl die kanadischen Wälder schön und voller guter Blaubeeren waren und obwohl seine Mutter gut für ihn sorgte und seine Schwester gern mit ihm spielte, wurde der kleine Braunbär immer trübsinniger. Er hörte auf, ordentlich zu essen. Oft saß er auf seinen kleinen Hinterbeinen und schwenkte seinen Kopf traurig hin und her, hin und her.

Schließlich wurde das der Mutter zuviel. So einen Trauernickel die ganze Zeit um sich zu haben, ist ja auch nicht leicht, besonders, wenn man nichts an den Umständen ändern kann. Darum führte die Bärenmutter den kleinen Braunbär zu einem ausgehöhlten Stein und sagte: ‚Jetzt kannst du dich da mal hinsetzen und traurig sein. Nach einer Weile nimmst du diesen Stein hier und drückst ihn ganz fest mit der Pfote. Wenn du gar nicht mehr stärker drücken kannst, dann läßt du ihn plötzlich los. Und du wirst fühlen, daß dann dein Kummer verschwindet. Nicht für immer, aber für eine Weile. Nur darfst du nur einmal am Tag zu diesem Stein kommen und Kummer haben.'

Der kleine Braunbär tat, wie ihm geheißen. Und tatsächlich: Nachdem er eine Weile getrauert und dann den Stein gedrückt und losgelassen hatte, war das schlimme Kummergefühl verschwunden. Darüber war der kleine Bär sehr froh.

Am nächsten Tag bekam er wieder so ein Kummergefühl. Aber er setzte sich nicht hin, um seinen Kopf zu schwenken, sondern er wartete bis zum Abend. Dann ging er zu seinem Kummerplatz, setzte sich darauf und drückte seinen kleinen Kummerstein so fest er konnte. Nach einer Weile ließ er ihn los. Und siehe da, der Kummer verschwand. So machte er es jeden Abend, bis der Kummer schließlich ganz verschwunden war."

Hier war die Geschichte zu Ende, und als Großvater eine Weile schwieg, fragte Mattes:
„Gibt es solche Steine auch für Menschen?"
„Oh, absolut!" sagte Großvater. Er zog gerade eine dicke Forelle aus dem Wasser. „In Kanada waren sie zu meiner Zeit sehr verbreitet. Wart' mal. Ich glaube sogar, daß ich noch einen habe."

Großmutter freute sich sehr über die große Forelle. Während sie das Abendessen vorbereitete, ging Großvater mit Mattes auf den Dachboden. In einer alten Kiste fanden sie alles mögli-

104

che und auch einen flachen Kieselstein, auf den ein kleiner Bär gemalt war.

„Hier ist er ja", sagte Großvater. Und Mattes fragte, ob er ihn sich wohl mal ausleihen dürfte. Das durfte er.

„Falls ich ihn später mal brauchen sollte, dann sage ich Bescheid."

Großvater fand auch noch einen kleinen alten Korbstuhl. Den nahm er mit hinunter und stellte ihn unter die Trauerweide im Garten.

Nach dem Abendessen schauten die Großeltern zum Fenster hinaus. Da sahen sie Mattes auf dem kleinen Korbstuhl sitzen. In seiner Hand hielt er den Kummerstein. Großvater war sicher, daß er ihm ebenso helfen würde wie dem kleinen Braunbären, dessen Vater in der Arktis verschwunden war.

Das gehäkelte Leben

Elsi und Urs waren schon am frühen Morgen brummig und grantig. Großmutter war nicht zu beneiden. Die Cornflakes waren nicht richtig, die Milch zu heiß, der Saft zu sauer. Schwarzbrot wollten sie auch nicht, und aus Großmutters selbstgekochter Marmelade machten sie sich gar nichts. Betrübt räumte Großmutter den Frühstückstisch wieder ab.

Als das Telefon klingelte, sprangen beide Kinder auf und rannten hin. Sie stritten sich um den Hörer. Es war aber nur die Nachbarin, die anrief, um sich ein paar Eier auszuborgen.

Enttäuscht hockten sich die Kinder in eine Ecke. Elsi wollte die Eier nicht zur Nachbarin bringen, und Urs wußte überhaupt nicht, was er heute machen wollte. Elsi kaute am Zipfel ihres Kragens und schaute betrübt zum Fenster hinaus. Es regnete.

Urs kaute an seinen Fingernägeln.

Wieder klingelte das Telefon. Diesmal ging Großmutter dran und sagte lange nichts. Urs hatte ein Würgen im Hals, als müsse er sich erbrechen, so aufgeregt war er.

Schließlich sagte Großmutter: „Ja, Elsa. Ist gut." Dann gab sie Urs den Hörer, und er hörte die Stimme seiner Mutter. Er war so glücklich und traurig zugleich, daß er gar nicht verstehen konnte, was sie sagte. Jetzt war Elsi an der Reihe. Sie hörte eine Weile zu. Dann sagte sie: „Kommt Papa dann nie wieder?"

Dann hörte sie wieder eine Weile zu. Aber schließlich legte sie den Hörer auf die Gabel, ohne noch etwas gesagt zu haben.

Sie legte ihren Arm um ihren kleinen Bruder. So standen sie und sahen hinaus in den Regen.

Großmutter mußte nun selber zur Nachbarin gehen und dann weiter in den Laden, denn von den Kindern wollte keines mitkommen.

Als sie wiederkam, standen die beiden immer noch so da.

Großmutter brachte den Einkaufskorb in die Küche und kam mit einer Tüte zurück ins Wohnzimmer. Aus der Tüte schüttelte sie lauter große, bunte Wollknäuel, mit Wolle so dick wie Paketschnur.

Drei Häkelhaken, dick wie Großmutters Zeigefinger, fielen auch aus der Tüte, und sie sagte:

„So, jetzt wird gehäkelt!"

„Wir können aber nicht häkeln", sagte Elsi maulig. Großmutter ließ sich nicht beirren.

„Dann lernt ihr's eben!" sagte sie und gab den Kindern die
Häkelhaken in die Hand.

Elsi wählte sich rote Wolle und Urs grüne. Großmutter zeigte
ihnen, wie man eine Schlaufe macht und wie man das Eichhörnchen (das war der Häkelhaken) dann durch das Loch schlüpfen
lassen kann, um den Wintervorrat in die Höhle zu ziehen.

„Und schlupf und zieh, und schlupf und zieh."

Manchmal erwischte das Eichhörnchen die Früchte nicht,
dann mußte es noch einmal durchs Loch schlüpfen. Aber das
machte ja nichts. Die Finger waren die Zweige des Baumes,
durch die sich der rote oder grüne Faden der Früchte zog.

So ging es eine ganze Weile, bis Elsi plötzlich fragte:

„Was häkeln wir eigentlich?"

Urs fand, daß das doch egal sei. Es machte ihm einfach Spaß.

Aber Großmutter sagte:

„Wir häkeln ein Lebensband."

Darunter konnten sich die Kinder natürlich gar nichts vorstellen.

„Als ich klein war", erzählte Großmutter, „da dachte ich, die
Großen waren immer groß und die Kleinen immer klein. Vater
und Mutter, dachte ich, die sind wie Säulen. Auf denen ruht das
Dach der Familie, und darunter spielen die Kinder."

„So ist es doch auch", sagte Elsi. „Und wenn dann eine Säule
wegbricht..." Ihre Augen füllten sich mit Tränen, und sie
konnte nicht weitersprechen. Aber ehe Urs auch anfangen
konnte zu weinen, sagte Großmutter:

„Nein, so ist es nicht. Menschen sind nicht wie Säulen, die immer gleich waren, sind und sein werden. Menschen sind wie Bäche, Flüsse und Ströme, immer in Bewegung, immer in Veränderung. Erst sind sie winzig klein, dann werden sie immer größer. Mal fließen sie hier, mal fließen sie da. Eure Mutter war mal viel, viel kleiner, als ihr jetzt seid. Das könnt ihr mir ruhig glauben, denn ich bin ihre Mutter. Ich kenne sie nun schon ihr Leben lang."

„Aber wie konnte sie denn unsere Mutter sein, wenn sie so klein war?"fragte Urs verwundert. Er hatte überhaupt nicht begriffen, was Großmutter sagen wollte.

„Nein, Urs, als sie so klein war, da war sie natürlich noch nicht eure Mutter. Da war sie mein Kind. Dann ist sie gewachsen und gewachsen. Und eines Tages hat sie euern Vater getroffen. Der war an einem ganz anderen Ort auch ein Kind gewesen und gewachsen."

„Und dann haben sie uns gemacht, und dann sind wir gewachsen", sagte Elsi.

„Und jetzt sind wir schon größer, als Mama mal war", sagte Urs und begriff langsam, worauf das Ganze hinauslief.

„Darum häkeln wir jetzt mal so Lebensbänder, damit wir uns das ganze Woher und Wohin richtig vorstellen können", sagte Großmutter.

„Du meinst vorlegen."

„Wie?"

„Du meinst doch, daß wir uns das dann mal auf dem Fußboden vorlegen können, wo die Lebensbäche angefangen haben und wo sie hinfließen", sagte Elsi. Irgendwie verstand sie die Dinge immer ein bißchen schneller als Urs. Das ärgerte den. Aber er würde von nun an bis in alle Ewigkeit ihr jüngerer

Bruder bleiben. Das hatte auch etwas mit der Häkelschnur zu tun. Mit dem Anfang nämlich.

Als die Kinder mit ihrem Lebensband fertig waren, gab es erst mal Pfannkuchen zum Mittagessen. Und diesmal maulte Urs kein bißchen, obwohl er das Rhabarberkompott etwas sauer fand.

Nach dem Essen sagte Großmutter, nun müßten sie auch noch Lebensbänder für die Eltern häkeln. Beide Kinder wollten gerne eins für Mama häkeln, mit blauer Wolle. Für Papa wollten sie keines häkeln.

„Der war ja so gemein und ist einfach weggegangen", sagte Urs.

Aber Großmutter bestand darauf, daß auch für Papa ein Band gehäkelt würde.

„Wenn er nicht wäre, dann wärt ihr gar nicht auf der Welt."

„Warum?" fragte Urs. Aber Elsi konnte es ihm erklären. Daraufhin war er bereit, mit gelber Wolle ein Lebensband für seinen Papa zu häkeln.

„Ich vermisse ihn so", sagte er leise. „Und ich weiß gar nicht, ob er mich auch vermißt. Was meinst du, Großmutter?"

Großmutter sagte, daß die Eltern beide eine schwere Zeit durchmachten, weil sie nicht wußten, wie sie ihre Lebensströme weiter nebeneinander fließen lassen könnten, ohne daß einer von ihnen dabei sich selbst verlieren würde.

„Ich dachte, nur Kinder können ihre Eltern verlieren. Können Eltern auch sich selber verlieren?" fragte Elsi. Und Großmutter erklärte ihr, wie das gemeint war. Nämlich, daß man dem andern zuliebe lauter Dinge tun mußte, die man eigentlich nicht wollte, und an Orten leben, wo man unglücklich war, und so weiter. Oder zum Beispiel, daß Mama immer schimpfen mußte, wenn kein Geld da war, obwohl sie gar keine Schimpfemama sein wollte.

Mittlerweile hatten die Eichhörnchen genug Vorrat in ihre Winterhöhlen geholt. „Schlupf und zieh, schlupf und zieh", so daß es nun auch eine lange blaue und eine lange gelbe Schnur gab.

Großmutter legte einen bunten Stein dahin, wo Mama geboren war, und einen dahin, wo Papa geboren war. Und das war ziemlich weit auseinander. Dann zogen die Lebensbänder ihren Weg, immer aufeinander zu, bis sie sich eines Tages trafen. Da lag dann der weiße Hochzeitsstein. Jetzt war Elsi an der Reihe. Sie nahm einen Rosenquarzstein und legte ihn an die Stelle ihrer Geburt. Jetzt flossen schon drei Lebensbänder nebeneinander. Urs nahm einen grünen Stein für seinen Geburtsplatz, der in Afrika lag. Also mußte die ganze Lebenslaufschlange einen Bogen dahin machen. Urs wollte nicht an der Seite fließen, sondern sein Band in die Mitte zwischen Papas und Mamas liegen haben. Alle sahen, was das für eine Veränderung für den Familienstrom war.

Dann wollte Papas Band weiter geradeaus laufen, aber Mamas Band wollte wieder nach Deutschland zurück. Die Bänder der Kinder mußten mit Mama mitfließen.

„Da kann man ja eigentlich nicht sagen, daß Papa weggegangen ist", sagte Urs und sah nachdenklich auf die Wollbänder.

„Hier ist heute", rief jetzt Elsi und legte eine große Muschel in die Mitte des Zimmers. „Wie soll es nun weitergehen?"

110

Mamas blaues Band und Papas gelbes Band flossen an den Rändern rechts und links. In der Mitte war viel mehr Platz als früher. Das rote und das grüne Band der Kinder konnte hier oder da fließen, oder auch mal hier, mal da. Und eines Tages würde es überhaupt ganz woanders hinfließen, so wie das früher bei Mama und Papa auch gewesen war. Je länger Elsi und Urs mit allen Möglichkeiten ihrer Lebensbänder herumspielten, um so fröhlicher wurden sie. Sie hatten nicht mehr das Gefühl, unter zusammenbrechenden Säulen begraben zu werden.

In den sechs Wochen, die sie noch bei ihrer Großmutter waren, ehe sie ihr neues Zuhause bezogen, spielten sie viel mit den Lebensbändern. Sie ließen sie in die verschiedensten Richtungen und durch die verschiedensten Länder fließen. Großmutter mußte sich auch noch eines häkeln. Und eines für Großvater, das jetzt im Himmel (also auf dem Sofa) weiterfloß.

Schließlich bat Urs seine Großmutter, das gelbe Band an Papa nach Südafrika zu schicken. Sie mußte auch einen Brief dazu schreiben, den er ihr diktierte, und in dem er seinem Vater erklärte, wie das mit dem Häkeln, dem Eichhörnchen, den Lebensbändern und all den Sachen war. Einmal, vielleicht bald, würden die Kinder ihn in Afrika besuchen, ließ Elsi schreiben. Oder das gelbe Band würde wieder zurück nach Deutschland fließen. „Denn mit Lebensbändern kann man fast alles machen."

Papa in Afrika war sehr erstaunt, als er das gelbe Wollband auspackte. Aber er freute sich sehr, daß Großmutter auch an ihn gedacht hatte, obwohl er nicht ihr Sohn, sondern nur der Vater ihrer Enkelkinder war.

Warum müssen Zugvögel ziehen?

Ich kenne da eine Geschichte von den kleinsten Zugvögeln der Welt. Ausgewachsen wiegen sie nur drei Gramm und legen doch jedes Jahr zweimal eine Strecke von 6000 Kilometern zurück. Nicht etwa im Flugzeug, sondern mit ihren eigenen kleinwinzigen Schwirrflügeln. Man nennt sie Kolibris, und sie sind ausnehmend bunt und schön, fast wie Blumen.

Aber ich will die Geschichte von Anfang beginnen. Sie beginnt in Alaska. Wo das ist? Am Eismeer, an der nördlichsten Spitze Amerikas. Ein unwirtliches Land, sagen die Menschen. Im langen Winter wird es 65 Grad kalt. Nur ein paar Eisbären und Eskimos können da leben. Im späten Frühling aber schmelzen Schnee und Eis im lieblichen Yukontal. Wenn dann die weißen und roten Zedernbäume blühen und die kleinen Moosblumen, dann kommen die Zugvögel, und das Leben beginnt.

Auf einem kleinen Strauch hatte ein Kolibripaar sein kleines Nest gebaut. Auf den zwei winzigen weißen Eiern saß das Weibchen und brütete, während das Männchen hin und her flog und sein Weibchen mit kleinen Mücken und Spinnen fütterte. Bald war es soweit, daß aus den kleinen Eiern zwei kleine Vögel schlüpften. Eines bekam minzgrüne Federn. Das nannten die Eltern Minzi. Das andere war womöglich noch ein bißchen kleiner als das eine. Das nannten sie Winzi.

Nun konnte auch die Mutter wieder umherfliegen, Gott sei Dank. Sie hatte das schon sehr vermißt, denn die Hauptnahrung der Kolibris ist der Nektar, den sie aus den Moosblu-

112

men und Tannenblüten saugen. Darum haben sie auch so lange Schnäbel. So flogen jetzt Vater und Mutter hin und her und fütterten ihre Kleinen mit Nektartropfen und winzigen Mücken und Spinnen. Da wurden die Kleinen schnell groß (wenn man zwei Gramm Lebendgewicht groß nennen will). Eines Tages verfütterte der Vater die letzte Mücke und flog davon.

„Wo ist Papa?" fragte Minzi, als er am Abend nicht zum Nest kam.

„Er ist nach Mexiko geflogen", sagte die Mutter.

Minzi dachte, Mexiko, das sei die nächste Wiese. Als sich der Kolibrivater aber gar nicht mehr blicken ließ, fragte sie:

„Warum kommt er nicht?"

„Das geht nicht", sagte die Mutter und erklärte, daß Mexiko 6000 Kilometer weit weg sei.

„Was ist Sechstausendkilometer?" wollte Winzi wissen.

Aber das konnte die Mutter auch nicht erklären. Sie wußte nur, daß es sehr weit war.

„Warum?" fragte Minzi. „Warum ist er dahin geflogen?"

„Er mußte", sagte die Mutter. „Weil er ein Zugvogel ist."

Minzi und Winzi legten ihre Köpfchen schief und dachten nach. Was mochte das sein, ein Zugvogel? Und von was wurde er gezogen?

Abends im Nest schauten sie mit ihren kleinen Vogelaugen zum Himmel. Dann schauten tausend Sternenaugen zu ihnen herunter.

„Seht ihr den Großen Bär da?" fragte die Vogelmutter.

„Wo, ich sehe keinen Bär", antwortete Winzi.

„Es ist ja auch kein richtiger Bär", erklärte die Mutter.

„Es ist nur ein Muster, ein Sternenmuster. Einszwei Einszwei Dreivierfünf. Seht ihr es jetzt?"

„Ja", piepste Minzi begeistert. „Ich sehe einen großen und noch einen kleinen Bären, sogar."

„Na, das ist gut", sagte die Mutter. „Denn am Schwanz des Kleinen, da klebt der Polarstern. Den müßt ihr euch merken. Denn nur so findet ihr in der Nacht nach Hause."

Die Vogelmutter erklärte ihren Kindern noch viele Sternenmuster, die alle irgendwie immer wieder zum Polarstern führten. Natürlich tat sie es nicht so, wie ich es jetzt erkärt habe. Sie tat es auf Kolibriweise. Und die kenne ich leider nicht. Immer, wenn sie fertig war, deckte sie ihre Kinderchen mit ihren Flügeln zu. Da schliefen sie in der warmen Dunkelheit beruhigt ein.

Am Tage zeigte die Mutter den Kindern, wie man so schnell mit den Flügeln schwirren kann, daß man fast in der Luft steht. So konnten sie vor einer Blüte haltmachen und Nektar trinken. Sie flog mit ihnen hoch hinauf und zeigte ihnen von oben Berge und Täler. Sie ließ sie den Unterschied von warmer Erdluft und kühler Wasserluft fühlen und zeigte ihnen auch die Wellen des blauen Meeres.

„Warum? Warum denn das alles?" fragten die Kleinen, die viel lieber nur zu den bunten Blumen geflogen wären, um den süßen Saft zu naschen.

„Weil ihr auch Zugvögel seid", sagte die Vogelmutter.

Da mußten Minzi und Winzi wieder an ihren Vater denken.

„Ich finde es blöd, daß er von uns weggeflogen ist", sagte Minzi.

Und Winzi fand es eigentlich beinahe gemein.

Aber dann vergaßen sie ihn wieder. Unterdessen hatten sie viele Freunde gefunden, mit denen sie um die Wette flogen und schwirrten. Es ist schon eigenartig. Menschen können laufen, aber nicht fliegen. Kolibris können fliegen, aber mit ihren winzigen Füßchen nicht laufen.

Als sie ihnen alles beigebracht hatte, was ein Kolibrikind wissen muß, flog auch die Mutter fort und machte sich auf den weiten Weg in den Süden. Minzi und Winzi waren jetzt keine Kinder mehr, sondern Jugendliche, die Spaß an ihrem Vogelleben hatten.

Eines Tages verspürte Minzi ein eigenartiges Sehnen und Ziehen in ihrem kleinen Vogelherzen. Sie schaute zu ihrem Bruder hinüber, der auf einem herbstlich bunten Strauch saß und seinen Kopf nachdenklich zur Seite legte.

„Sicher fühlt er das gleiche wie ich", dachte sie.

So hatte sie schon mal jemanden sitzen sehen. Und auf einmal verstand sie ihren Vater. Auch er mußte dieses Ziehen in der Brust gehabt haben.

„Ich hab das Zugvogelziehen", rief sie ihren Freunden zu.

Und die anderen hatten es auch.

Da machte sich der ganze Schwarm junger Kolibris auf den weiten Weg nach Süden, den sie noch nie geflogen waren, aber doch irgendwie kannten.

Zuerst flogen sie den Yukonfluß hinauf in die Rocky Mountains. Dann hielten sie sich an die Landmarken, die ihnen ihre Mütter gezeigt hatten, und flogen immer am Gebirge entlang gen Süden. Wenn sie sich zu sehr dem Meer näherten, wurde die Luft feuchter, und wenn sie zu sehr ins Landesinnere abirrten, fühlten sie die Wärme, die von der Erde aufstieg. Zuerst flogen sie kleinere Strecken und ernährten sich vom Nektar der Gebirgsblumen. Des Nachts orientierten sie sich an den Mustern der Sterne. Sie erkannten immer den Kleinen Bären, an dessen Schwanzspitze der Polarstern klebt. Sie wußten, daß sie von ihm wegfliegen mußten, um nach Süden zu kommen.

Sie durchflogen Länder, die die Menschen Yukon, Britisch Columbien, Idaho, Utah und Arizona nennen. Und schließlich kamen sie in die Sierra Madre und das Hochland von Mexiko. Und dort, im immer warmen mexikanischen Tafelland, verbrachten sie die Zeit, in der in Alaska bitterer Winter ist.

Ich weiß, ihr werdet mich jetzt fragen, ob Minzi und Winzi ihren Vater wiedergesehen haben. Ich weiß es nicht, aber ich nehme es an, denn die Kolibris sind ein sehr geselliges Völkchen. Nur waren Minzi und Winzi ja nun keine Kinder mehr, sondern auch erwachsene Kolibris, die volle drei Gramm wogen. Aber zu erzählen hatten sie sich gewiß sehr viel, von ihrer Reise und dem abenteuerlichen Zugvogelleben.

Es dauerte aber nur zwei, drei Monate, da fing das Ziehen und Sehnen schon wieder an. Alle merkten es und zwitscherten eifrig darüber, daß es nun bald Zeit sei, die Schwanzspitze des Kleinen Bären anzusteuern, an der der Polarstern hängt. Und tatsächlich, als in Alaska die Sonne wärmer wurde und Eis und Schnee im schönen Yukontal zu schmelzen begannen, da machte sich Jung und Alt im mexikanischen Tafelland auf die Flügel und zog gen Norden.

Diesmal lag das Meer auf der linken Flügelseite und die Rocky Mountains lagen auf der rechten. Sie durchquerten die Länder, die die Menschen Arizona, Utah, Idaho, Britisch Columbien und Yukon nennen, in umgekehrter Reihenfolge wie zuvor, versteht sich. Sie achteten darauf, daß sie sich nicht aufs offene Meer oder ins Innere des Landes verirrten. Sie hielten genau ihre Flugroute ein. Und damit taten sie etwas, das die Menschen erst seit etwa 200 Jahren können, so, als hätten sie einen kleinen Kompaß in ihrem Schnabel eingebaut.

Als sie den Yukonfluß erreichten, an seinem Ufer in die Tiefebene flogen, die jetzt schon grünte und blühte, und als jeder Kolibri genau den Strauch wiedergefunden hatte, auf dem er geboren war, da jubelten ihre kleinen Vogelherzen, und vielleicht freute sich das Land mit ihnen.

Ihr werdet euch vielleicht überlegen, warum die Kolibris nicht im mexikanischen Hochland bleiben, wo es immer angenehm warm ist und genug zu essen gibt, auch ohne weite, gefahrvolle Reisen.

Ich glaube, sie tun es, um in die kühlen nordischen Länder die Wärme, Buntheit und Herzlichkeit des Südens zu bringen. Und das tun ja nicht nur die Kolibris. Schwalben, Störche, Stare, Kraniche, Silberreiher, Wildgänse, Flamingos und wie sie alle heißen, tun ja dasselbe. Ihnen allen hat die Schöpfung ein Fernweh ins Herz gelegt, das nur der begreift, der es selber kennt. Kleine Kolibris müssen es erst kennenlernen. Und dabei lernen sie auch, daß Liebe ganze Kontinente umspannen kann.

Das Wunderherz

Antje wohnte jetzt schon den zweiten Monat bei Tante Brigitte.

Warum eigentlich?

„Weil deine Eltern sich scheiden lassen", sagte Tante Brigitte und redete nicht lange drum herum.

„Wer macht das denn?" fragte Antje

„Der Richter", sagte Tante Brigitte.

Antje stellte sich den Richter wie einen Friseur vor. Man läßt sich die Haare schneiden, man läßt sich scheiden.

„Wie sehen Mama und Papa denn nachher aus?"

Diese Frage verstand Tante Brigitte natürlich nicht.

„Warum lassen sie das denn überhaupt machen? Ich meine, unsere Familie war doch noch gut", sagte Antje und dachte wieder an den Friseur und eine neue Frisur, die sie unnötig fand.

Tante Brigitte gab sich viel Mühe, ihrer Nichte die Scheidung zu erklären, und auch die Gründe, die Mama und Papa zu diesem Schritt bewogen haben könnten. Aber Antje war gar nicht in der Lage zuzuhören. Sie wollte es einfach nicht wahrhaben.

So nebenbei fing sie an, ein großes, rotes Herz zu malen. Dann nahm sie eine Schere und schnitt es aus. Aber plötzlich, ritsch, ratsch, ritsch, schnitt sie das ganze Herz mitten entzwei.

Sie warf die Schere weg und rannte raus, um mit den Kindern auf der Gasse Drittenabschlagen zu spielen. Zuerst machte es Spaß. Aber dann gab es Streit, weil Paul behauptete, er hätte sie abgeschlagen, und Antja sagte, er hätte sie gar nicht getroffen. „Du blöder Hammel!"

Natürlich ließ Paul sich so nicht beschimpfen und schubste Antje ins Gebüsch. Die Zweige zerkratzten ihre Beine. Die Knie bluteten.

Irgendwie war Antja das gerade recht. Jetzt hatte sie wirklich einen Grund zum Heulen und Wütendsein. Laut jammernd lief sie zu ihrer Tante und beklagte sich bitter über Paul.

Tante Brigitte holte den Verbandskasten. Sie reinigte die Knie, streute Wundpuder auf die Abschürfungen und verklebte sie mit verschiedenen Pflastern. Dann zog sie Antje eine seidene Strumpfhose von sich an. „Damit die Pflaster nicht so schnell abgehen.“

Die Strumpfhose fühlte sich weich und kühl an. Obwohl sie oben knubbelte, weil sie ja viel zu lang war, fand Antje ihre Beine darin sehr schick. Sie vergaß darüber fast die Schrammen und Pflaster.

Als Antje wieder an ihren Spieltisch kam, lag da noch immer das große, rote, zerschnittene Herz. Aber Tante Brigitte hatte es mit Heftpflastern wieder zusammengeklebt. Das Herz sah nun so ähnlich aus wie Antjes Knie. Antje schaute es lange an.

„Können Pflaster Wunden heilen?“ fragte sie. „Und wie machen die das?“

„Nee, der Körper heilt sich selbst. Die Pflaster beschützen die Wunden nur, damit kein Schmutz dran kommt. Unter dem Pflaster heilt die Wunde auf geheimnisvolle Weise. Ein Doktor kann zwar erklären, wie das funktioniert. Aber *daß* es funktioniert, ist ein Wunder, das niemand erklären kann.“

Bei dem Wort Wunder machte Tante Brigitte so ein Gesicht, so ein Wundergesicht, fand Antje. Und sie dachte auch noch über die Worte Wunde und Wunder nach, die so ähnlich klangen, als seien sie miteinander verwandt.

In den nächsten Tagen sah Antje oft ihre Pflaster an, unter deren Schutz ihre Knie auf geheimnisvolle Weise heilen sollten.

„Wie lange dauert es denn noch?"

„Nur Geduld", sagte Tante Brigitte. „Ein paar Tage dauert es schon."

Zwischendurch vergaß Antje ihre Pflaster auch wieder, rannte rum und spielte wie immer. So ungefähr nach einer Woche oder zehn Tagen machte Tante Brigitte die Pflaster ab, und siehe da:

Die Haut war wieder wie neu.

Später sah Antje zufällig auf das rote Herz, das da, mit Pflastern verklebt, noch immer auf ihrem Spieltisch lag. Antje nahm es in die Hand und strich über die Pflaster. Plötzlich stutzte sie. Da war ja gar kein Ritz mehr im Papier und keine zerschnittenen Kanten! Vorsichtig zog Antje die Pflaster ab, genau wie Tante Brigitte es an ihrem Knie gemacht hatte. Und tatsächlich: Das Herz war wieder ganz. Ein Wunder war geschehen.

„Aber, aber ... das ist doch nicht möglich, Tante Brigitte. Papier kann doch nicht heilen."

Tante Brigitte machte ihr Wundergesicht und lachte spitzbübisch.

„Das ist doch gar kein Papier. Das ist doch ein Herz!" sagte sie.

Antje hat das rote Papierherz ihr Leben lang aufbewahrt. Immer, wenn andere ihr einreden wollten, daß etwas unheilbar sei, dann holte sie als Gegenbeweis das Herz hervor und dachte an ihre wundervolle Tante.

Wollene Strümpfe und tiefhängende Zweige

Lea saß auf einer Parkbank in der Nachmittagssonne. Vor vielen, vielen Jahren hatte sie hier schon einmal gesessen. Damals baumelten ihre Beinchen von der Bank und steckten in wollenen Strümpfen. Große Leute waren nämlich auch mal klein. Die Strümpfe „zogen Wasser", wie man damals so sagte. Das heißt, sie waren nicht glatt, sondern faltig. Sie kratzten ein bißchen und waren mit einem Knopf an einem Gummiband befestigt. Das Gummiband, das übrigens Knopflöcher hatte, war seinerseits an ein Leibchen geknöpft. Man mußte aufpassen, daß alle diese wichtigen Knöpfe nicht im unpassenden Moment abrissen. Zwischen dem Ende der Strümpfe und dem Anfang der Unterhose war eine freie Stelle. Da kam Luft ans Bein, und darum war es da immer etwas kalt.

An all das konnte sie sich gut erinnern, denn einmal war eine tiefe Traurigkeit die Wollstrümpfe hochgekrochen.

Die kleine Lea war damals mit ihrer Mutter zum Park gefahren, mit der Straßenbahn. Das hatte ihr Spaß gemacht, denn es geschah nicht oft, daß ihre Mutter mit ihr etwas unternahm. Dann hatten sie eine Weile gewartet, bis plötzlich ein Motorrad angebraust kam und bei ihnen hielt. Ein junger Mann stieg ab. Lea fand ihn sehr schön.

Sie gingen gemeinsam den Parkweg entlang. Der Mann hielt ihre kleine Hand in seiner großen. Die Mutter ging an der anderen Seite und sprach viel. Ihre Stimme klang leise und traurig. Lea verstand nicht, um was es ging.

Die Zweige der Bäume hingen tief auf den Weg. Manchmal mußte der große Mann seinen Kopf neigen, um nicht anzustoßen. Lea machte es ihm nach, obwohl sie ja keineswegs bis zu den Zweigen reichte. Der Mann beobachtete sie und lächelte. Dieses wortlose Spiel wiederholte sich immer wieder: die tiefhängenden Zweige, das Neigen der Köpfe und das einverständliche Lächeln. Die Mutter an der anderen Seite merkte nichts davon. Sie hielt ihren traurigen Blick auf den Sandweg gerichtet. Aber Lea war glücklich. Sie hatte noch nie so ein lustiges Lächeln gesehen. Und dieses Lächeln galt ihr, der kleinen Lea, ganz persönlich.

Dann war der Spaziergang zu Ende. Der Mann schwang sich wieder auf sein Motorrad und fuhr davon. Lea saß neben ihrer Mutter auf der Bank und sah ihm nach. Und da geschah es. Lea nahm die Hand ihrer Mutter, die weich und kühl war, ganz zart. Und dann fühlte sie, wie die Traurigkeit der Mutter ihr ganz langsam die Wollstrümpfe hochkroch. Sie baumelte mit den Beinen, um sie abzuschütteln. Aber es nützte nichts. Unaufhaltsam kroch die Traurigkeit weiter, hielt eine Weile bei der nackten Stelle der Beine an, so, als könne sie jetzt doch nicht weiter und wolle umkehren. Aber dann schlich sie sich bis zum Herzen, so daß es wehtat. Das hatte etwas mit dem schönen jungen Mann zu tun. Aber was? Vielleicht waren die kratzigen Wollstrümpfe schuld. Mutter trug auch welche. Die waren schwarz.

Die großgewordene Lea lachte. Sie ging zum Eingang des Parks zurück, stieg auf ihr Motorrad und fuhr davon. Sie fuhr in ihr eigenes, ganz persönliches Leben, das anders war und besser als alles je zuvor.

Ein neuer Anfang

Ein neues Versprechen

Eines Tages sagte Papa, daß sie sich hatten scheiden lassen und daß Mama jetzt woanders wohnen würde. Die Kinder waren völlig überrascht und durcheinander.

Katrin erinnerte sich daran, wie ihr jemand mal den Teppich unter den Füßen weggezogen hatte und sie furchtbar hingefallen war. Sie hatte sich den Kopf so angeschlagen, daß sie eine Gehirnerschütterung bekam. An das Gefühl von Schwindel und Übelkeit wurde sie jetzt erinnert. Sie rannte aufs Klo und mußte sich erbrechen.

Peter, der Älteste, saß ganz still da. Aber Bärbel und Heiner fragten immerzu:

„Warum, warum denn nur? Warum habt ihr uns vorher nichts gesagt? Warum dürfen wir gar nichts dazu sagen? Warum kann Mama denn nicht auch hier arbeiten? Warum sollen wir alle bei Papa bleiben?" Und so weiter und so weiter.

Papa bemühte sich so gut er konnte, alle Fragen zu beantworten. Er war ein bißchen böse darüber, daß Mama sich davor gedrückt hatte.

„Wir wollten nicht, daß ihr unsere Streitigkeiten mitbekommt. Wir wollten nicht, daß ihr euch um etwas Sorgen macht, was ihr nicht beeinflussen könnt. Alle unsere Entscheidungen sind ja nicht eure Sache. Das müssen die Erwachsenen unter sich ausmachen. Und das haben wir getan. Wir denken, daß es das Beste ist, wenn ihr hier bei mir in unserem Haus bleibt, in euren Zimmern und bei euren Sachen und Tieren. Außerdem arbeite ich zu Hause und bin immer da.

Mama muß in der Stadt wohnen, wenn sie arbeiten will. Und das will sie. Außerdem muß sie viel reisen. Aber die Ferien verbringt sie mit euch."

Katrin war wieder zurückgekommen und sah grün im Gesicht aus. Die Kleinen fingen an zu heulen, und Peter sagte immer noch nichts.

„Jetzt weiß ich wirklich nicht weiter", sagte Papa schließlich ganz entnervt. „Wie man's macht, macht man's verkehrt."

„Das hättet ihr euch eher überlegen müssen!" Katrin war böse. Aber dann tat es ihr schon wieder leid. „Das hilft ja jetzt auch nicht", murmelte sie entschuldigend.

„Das Problem ist", fing Peter jetzt an. Und er klang sehr erwachsen für seine dreizehn Jahre. „Das Problem ist, daß ihr mit unserm Familienleben Schluß gemacht habt. Das neue Leben, das ihr euch jetzt ausgedacht habt, das kennen wir nicht. Wir können uns nix darunter vorstellen und – also ich hab jetzt Angst, daß ihr euch plötzlich noch mal was anderes ausdenkt, und wir müssen das dann machen."

„Genau", rief Bärbel. „Und womöglich müssen wir dann in ein Kinderheim."

„Aber nein!" sagte der Vater. „Wie kommt ihr denn darauf?"

Peter gab sich damit nicht zufrieden.

„Als ihr geheiratet habt, da habt ihr euch doch ein Versprechen gegeben. Das hat ja auch ganz schön lange gehalten. Aber

125

wenn es damit nun vorbei ist, dann müßt ihr euch und uns eben ein neues Versprechen geben."

Papa war verwirrt. „Wie das denn?"

„Na, es muß eine Scheidungsfeier geben. Da müßt ihr die alte Zeit begraben. Und dann müßt ihr versprechen, wie ihr unsere neue Zeit einrichten wollt."

Papa kam das sehr merkwürdig vor. Aber die Kinder hatten irgendwie Feuer gefangen. Sie redeten alle durcheinander, was sie anziehen wollten, welchen Kuchen Katrin backen und wo das Ganze stattfinden sollte. Ob und wen sie dazu noch einladen wollten und daß es geschickt sei, daß gerade Sommer war und es so viele Blumen im Garten gab. Sollte Mama ihr altes Brautkleid anziehen? Nein, sie sollte ihr Businesskleid anziehen, denn sie war ja in ihrem neuen Leben eine Businessfrau.

„Halt, halt!" rief Papa. „Das geht doch alles ein bißchen zu weit. Außerdem wissen wir gar nicht, ob Mama das will. Und überhaupt, wie soll denn so eine Feier eigentlich aussehen?"

„Das laß mal Peter machen", sagte Heiner und war ganz aufgedreht. „Und wenn Mama nicht will, dann muß Bärbel ganz arg heulen. Dann sagt Mama nämlich zum Schluß doch immer ja."

Natürlich sagte Mama zuerst nein und wollte von so einem Unsinn nichts wissen. Aber die Kinder sagten, sie hätten ein Recht darauf. Schließlich gab Mama nach. Peter und Katrin fanden, daß Oma und Opa dabei sein sollten. Aber sonst niemand. An einem bestimmten Tag schmückten die Kinder das ganze Haus und bauten eine Laube im Garten.

Peter hatte die Zeremonie vorbereitet. Alle saßen in der Laube, und Peter sagte: „Wir haben uns hier versammelt, weil Loni und Paul Walters beschlossen haben, ihr altes Leben zu begraben."

126

Dann mußten Papa und Mama sich einen Knopf abreißen und in einem kleinen Beet vergraben.

„Nun beginnen sie ein neues Leben, und wir wünschen ihnen dazu alles Gute", fuhr Peter fort. Und Papa und Mama mußten jetzt jeder eine Primel auf das Beet pflanzen.

„Darum ist es nötig, daß sie ihren Kindern Peter, Katrin, Bärbel und Heiner ein neues Versprechen geben. Seid ihr dazu bereit?"

Papa und Mama nickten. Dann mußte Papa aufstehen und seine Hand auf einen Flußspat legen, der sonst immer auf dem Wohnzimmertisch lag.

„Ich, Paul Walters, verspreche ...", sagte Peter, und Papa sprach ihm nach: „Ich, Paul Walters, verspreche ..."

„ ... daß ich meinen Kindern immer ein guter Vater sein werde, sie versorgen, beschützen, lieben und achten werde, auf daß sie lange leben auf Erden. Bis daß der Tod uns scheidet."

Papa hatte Mühe, die Worte nachzusprechen, so bewegt war er. Aber er schaffte es. Dann tat Mama das gleiche:

„Ich, Loni Walters, verspreche, daß ich meinen Kindern immer eine gute Mutter sein werde ... sie lieben und achten ... werde, auf daß sie glücklich leben auf Erden. Bis daß der Tod uns scheidet."

Darauf bekamen Papa und Mama Blumensträuße und Küsse von allen Kindern und auch von Opa, der Papas Papa war, und Oma, die Mamas Mama war. Bärbel sang ihr neuestes Kindergartenlied. Da mußten alle lachen, denn es war: „ ... und die Katze tanzt allein."

Papa hatte ein schönes Essen gekocht. Als alle am Tisch saßen, klopfte Opa ans Glas. Das hieß, daß er eine Rede halten wollte.

Er sagte, daß er stolz auf seine Kinder sei und ganz besonders auf seine Enkel. Er glaube nicht, daß es auf der Welt noch einmal so gute Enkel gäbe. Er und Oma wollten alles tun, um zu helfen, damit die guten Versprechen in Erfüllung gingen.

Obwohl es auch traurig war, fühlten sich alle gut und kein bißchen hilflos. Heiner sagte:

„In mir fühlt es sich an, wie … wie Zitronencremespeise", denn das hatte es zum Nachtisch gegeben.

Alle lachten. Mama hatte leider etwas von der Zitronencreme auf ihr Businesskleid gekleckert. Aber Oma sagte, sie hätte da ein fabelhaftes Fleckenmittel.

Und so war der Alltag wieder eingekehrt.

Wenn in den nächsten Wochen dieser Alltag zu verzwickt zu werden drohte, dann dachten alle an die Zeremonie in der Blumenlaube, die ihrem Leben eine neue Richtung gegeben hatte.

Sind wir eine Familie?

„Jaqueline", ruft der Vater und zieht den Rolladen hoch.

„Jaqueline, es ist Zeit zum Aufstehen."

Jaqueline kneift ihre Augen zu. Sie will nicht aufwachen. Sie hat gerade so schön geträumt von einem Flüßchen in Frankreich und von den Sommerferien.

„Ach du! Jetzt ist er weg", sagt sie traurig.

„Wer?"

„Na, mein Traum. Du hast ihn ganz und gar geweckt."

„Das tut mir leid, Jaqueline. Aber du mußt jetzt aufstehen und in den Kindergarten gehen. Du kannst ja morgen wieder einen Traum träumen. Jetzt komm waschen, hm?" Papa hebt Jaqueline aus dem Bett und trägt sie ins Badezimmer.

„Wo ist Mama?" fragt Jaqueline.

„In Frankreich. Das weißt du doch. Hier, putz dir die Zähne."

Papa stellt ihr den Zahnputzbecher hin und tut Zahncreme auf die Bürste.

„Warum ist Mama in Frankreich?" fragt Jaqueline.

„Das hab ich dir doch schon so oft erzählt."

Während Jaqueline ihre Zähne bürstet, sagt sie:

„ Erzähl's noch mal, bitte."

Papa ist etwas ungeduldig: „Mama ist nach Frankreich zurückgegangen, weil es ihr hier nicht gefallen hat. Sie hatte so furchtbares Heimweh, weil hier niemand ihre Sprache spricht, und ..."

„Und arbeiten konnte sie hier auch nicht", unterbricht ihn Jaqueline.

„Na siehst du, du weißt es ja." Papa wäscht Jaqueline das Gesicht. Das Wasser ist ziemlich kalt. Jaqueline quietscht. Während dem Abtrocknen sagt sie nachdenklich: „Aber wir sprechen doch französisch."

„Ja, aber das war Mama eben nicht mehr genug. Und zwischen uns war es ja auch manchmal schwierig. Sie wollte eben wieder als Journalistin arbeiten, und das kann sie nur in ihrer eigenen Sprache."

Plötzlich ruft Jaqueline: „Papa, es zischt und stinkt wie der Teufel."

Papa erschrickt und rennt in die Küche: „Der Haferbrei! Es ist zum Verrücktwerden."

129

Jaqueline hat sich angezogen. Jetzt sitzt sie mit Papa am Frühstückstisch, und beide nippen am angebrannten Haferbrei.

Papa sagt: „Also, das Frühstück ist eine echte Katastrophe."

Aber Jaqueline tröstet ihn: „Mach dir nichts draus, Papa. Dafür hab ich mich heute allein angezogen. Das kann ich jetzt schon."

„Ja, siehst du, wir lernen jetzt lauter Sachen selber machen."

Papa ist stolz auf seine kleine Tochter. Er schlägt vor, daß sie heute mal Marmeladenbrot essen. Damit ist Jaqueline sehr einverstanden. Aber Papa muß immer noch an den Haferbrei denken.

„Warum ist er nur früher nie angebrannt?"

„Weil Mama gesungen hat", sagt Jaqueline.

„Weil sie gesungen hat?"

„Ja, das weißt du doch noch. Mama ist nie so viel rumgerannt wie du. Sie hat den Topf geholt und gesungen." Und Jaqueline singt Mamas Lieblingslied: „A la claire fontaine …

Zur klaren Quelle wandre ich,

Im kühlen Wasser bade ich.

Vor langer Zeit, da liebt ich dich.

Vergessen werde nie ich dich."

Da sind auf einmal beide traurig, und Jaqueline fragt leise: „Du Papa, hat Mama mich jetzt nicht mehr lieb?"

„Aber doch, Jaqueline. Natürlich hat sie dich lieb!"

„Und dich Papa, hat sie dich noch lieb?"

Papa zögert. „Du, das weiß ich nicht."

„Oma sagt, Mama hat eben Frankreich lieber als uns. Papa, stimmt das?"

„Nein, – ach – ich weiß nicht, vielleicht. Jedenfalls fangen wir zwei jetzt mal unsern Tag an." Papa steht auf.

„Als die Oma gestern weggefahren ist, hat sie gesagt, das geht nie gut, mit uns zweien allein."

„Na, klar geht das gut. Ich bring dich jetzt in den Kindergarten, dann geh ich ins Büro, und um zwölf hol ich dich zum Essen ab. In die Pizzeria."

„Andere Kinder essen, was ihnen ihre Mutter gekocht hat. Auch wenn es ihnen nicht schmeckt", gibt Jaqueline zu bedenken.

„Na, es gibt eben verschiedene Arten von Familien. Bei uns gibt es nur einen Vater …"

„Und eine Tochter", sagt Jaqueline.

Papa lacht. „Ja, und die zwei können zwar nicht kochen, aber essen können sie schon zusammen. Also komm. Jetzt gehen wir."

Jaqueline zögert. Sie findet es im Kindergarten nicht so schön und meint, das käme auch davon, daß ihre Mama in Frankreich ist. Ein bißchen stimmt das auch, denn als sie im Kindergarten ankommt, sagt Monika: „Wie sieht denn die Jaqueline heute komisch aus!"

Die Kinder lachen, und Elvira ruft:

„Frau Gerber, schau mal, die Jaqueline hat ihr T-Shirt falsch rum an."

„Das macht doch nichts!" sagt Frau Gerber. „Komm, Jaqueline. Ich dreh's dir schnell rum."

Aber Jaqueline will das nicht.

„Ich hab mich heute ganz allein angezogen!" sagt sie stolz.

Nachdem sie ein Weile gespielt haben, ist Vesperpause.

„Ich hab Wurstbrot mit. Und du, Anja?" sagt Monika.

„Ich hab 'ne Butterbrezel. Magst du Butterbrezel, Max?"

Max hat ein Brötchen und eine Banane und würde gern mit Anja tauschen. „Was hast du denn mit?" fragt er freundlich.

Jaqueline ist verwirrt.

„Guck mal, Frau Gerber", ruft da Elvira schon wieder. „Die Jaqueline hat auch kein Vesper mit. Erst zieht sie ihre Mutter linksrum an, und dann vergißt sie noch das Vesper."

„Meine Mama ist gar nicht da. Sie ist ganz und gar weg, in Frankreich", sagt Jaqueline trotzig.

Elvira ist verblüfft: „Aber, aber das geht doch gar nicht!"

„Bei mir ist mein Papa weg", sagt Max. „Schon lange."

Elvira versteht das nicht, so ohne Mama und Papa. Wie soll denn das gehen?

„Quatsch. Ich hab doch 'nen Papa. Und der ist der Beste von der ganzen Welt. Bäh!" Jaqueline ist richtig wütend.

Aber Elvira ruft wieder: „Du, Frau Gerber. Der Max und die Jaqueline haben keinen Vater und keine Mutter."

„Blödsinn", sagt Max. „Ich hab 'ne Mutter, und Jaqueline hat 'nen Vater."

„Ja, und den Vater und die Mutter, die nicht mit ihnen zusammenleben, die haben sie ja auch noch", sagt Frau Gerber.

Aber Elvira findet, daß das keine richtige Familie ist.

„Eine Familie ist immer richtig, Elvira. Ob sie jetzt ein Kind hat oder zwei oder ganz viele; ob sie zwei Eltern hat oder nur einen oder ob die Kinder bei den Großeltern leben."

Jaqueline setzt sich neben Max, und der gibt ihr seine Banane ab.

„Soll ich dir mal einen Witz erzählen?" fragt er.

„Was ist rot und hat zwei schwarze Streifen?"

Jaqueline weiß es natürlich nicht.

„Das ist eine Tomate mit Hosenträgern", sagt Max und erzählt gleich noch einen: „Was ist rot und fährt immer auf und ab?"

„Weiß nicht."

„Das ist eine Tomate im Aufzug!"

Alle lachen. So wird es doch noch ein schöner Vormittag.

Dann sitzt Jaqueline mit Papa in der Pizzeria. Während sie ihre Tomatenpizza ißt, erzählt sie ihm die Tomatenwitze von Max.

„Dann war das wohl heute schön im Kindergarten?"

„Nee, nicht so besonders. Das T-Shirt war falsch rum, und Vesper hab ich auch keins gehabt. Dafür hat Max keinen Vater."

„Oh", sagt Papa.

„Elvira sagt, eine richtige Familie hat alles: Vater und Mutter und Vesper und Kinder und richtig-rummige Anziehsachen. Aber Frau Gerber sagt, eine Familie ist immer richtig, bloß verschieden."

„Da bin ich froh, daß Frau Gerber das auch gesagt hat." Papa sieht seine Tochter liebevoll an.

„Aber du, Papa, wenn ich mal ganz furchtbar wüst und ungezogen bin ..."

„Ja, hast du denn das vor?"

„Nee", sagt Jaqueline. „Aber wenn ich's mal bin, gehst du dann auch weg?"

Papa ist ganz erschrocken. „Aber nein, Jaqueline. Wie kommst du denn darauf?"

„Na, mal gehen Mamas weg, und mal gehen Papas weg. Wie bei Max und mir", sagt Jaqueline.

„Und mal bleiben Mamas da, und mal bleiben Papas da. Und ich bin einer von denen, die dableiben. Ganz lange. Und erst wenn du ganz groß bist, dann wirst *du* nämlich weggehen."

133

„Aber nein, Papa. Ich bleib doch immer da."

Etwas anderes kann Jaqueline sich jetzt noch nicht vorstellen. Sie schiebt ihr kleine Hand unter die große Hand von Papa.

Und dann kommt sie wieder aufs Praktische zu sprechen:

„Du, ein Vesper könnten wir uns doch auch machen, gell?"

„Selbstverständlich", sagt Papa. „Das muß einem ja nur gesagt werden. Hast du denn heut sehr gehungert?"

„Nein, nein, Max hat mir seine Banane gegeben. Da habe ich beinahe vergessen, wie blöd die Elvira war. Krieg ich jetzt noch ein Eis?"

Natürlich kriegt Jaqueline noch ein Eis zum Mitnehmen. Denn jetzt gehen die beiden wieder arbeiten. Einer im Büro, die andere im Kindergarten. Da gibt es überall viel zu tun.

Wenn ihr mich fragt

In der fünften Klasse sollte ein Aufsatz geschrieben werden.

Georg saß lange da und starrte an die Tafel, auf die der Lehrer das Thema geschrieben hatte: „Meine Familie."

Schließlich nahm Georg seinen Füller und fing eifrig an zu schreiben:

„Alle fragen mich immer, warum mein Großvater kommt, wenn wir Sportfest haben und warum meine Großmutter meine Entschuldigungen schreibt. Ob ich denn keine Eltern hätte. Natürlich habe ich welche. Aber ich erzähle jetzt ein für alle Mal, wie es mit ihnen ist, denn ich bin allmählich die vielen Fragen satt.

Ich bin sozusagen vom Himmel gepurzelt, sagt meine Groß-mutter. Natürlich nicht richtig, aber meine Mutter war sech-zehn und mein Vater siebzehn, als ich geboren wurde. Was kann man da erwarten?
Sie konnten wirklich nicht heiraten und Kinder haben, denn sie waren selber noch Kinder und hatten keine Ahnung von Kochen, Einkaufen und Kindererziehung. Ich finde, daß meine Mutter das Allerbeste für mich getan hat, was sie tun konnte. Sie brachte mich zu meinen Großeltern. Die haben nämlich schon fünf Kinder großgezogen. Also wissen sie auch, wie man das macht. Sie sind es auch noch nicht leid. Mein Großva-ter sagt, ich halte ihn beweglich. Er muß mit mir Radfahren und Fußball spielen. Er schaut mit mir die Sportschau an. Wir zwei wissen immer, was los ist. Ich kann am besten Tischtennis spielen von allen Kindern in meiner Klasse, weil er es mir bei-gebracht hat. Er hat viel mehr Zeit für mich, als ein Vater.

Meine Großmutter erlaubt mir, viele Kinder zu meinem Ge-burtstag einzuladen. Sie backt echt gute Kuchen. Allerdings kann sie nicht mehr so viel mit uns rumrennen, wie das eine junge Mutter tun würde, aber sie kann sehr gut basteln.

Meine Mutter lebt in einer Stadt, die weit weg ist. Sie hat kein Geld, um mich oft besuchen zu kommen. Wenn sie kommt, ist sie immer sehr nett, aber nicht wie eine Mutter. Im Stillen hoffe ich, daß sie niemals auf die Idee kommt, mich zu sich holen zu wollen. Ich glaube, daß wäre ein Chaos.

Meinen Vater habe ich noch nie gesehen, und ich werde ihn wohl auch nie sehen. Manchmal denke ich über ihn nach, wie er wohl ist und ob er überhaupt mal an mich denkt. Wenn ich nicht so einen guten Großvater hätte, der mit mir alles macht, was ein Junge eben so braucht, dann wäre ich vielleicht böse auf ihn. Meine Großmutter sagt, er ist noch wie ein Kind, und er braucht seine Zeit für sich, damit er selber ein guter Erwachsener werden kann. Das verstehe ich. In meiner Klasse sind viele Kinder, deren Eltern sich oft streiten und dann auch die Kinder anschreien. Das ist noch viel schlimmer. Die Kinder denken dann, daß die Eltern sie nicht lieb haben. Großmutter sagt, meine Eltern hatten mich lieb. Und das glaube ich ihr auch.

Wenn ihr mich fragt, ich denke: Großeltern wären vielleicht oft die besseren Eltern für die Kinder. Ich bin mit meinen jedenfalls sehr zufrieden. Großmutter sagt, es gibt Dinge, die man nicht ändern kann. Darum soll man da auch nicht immer dran rummachen. Aber andere Dinge, die kann man ändern und die soll man gut machen, so gut man eben kann."

Bärhirsch und Hirschbär

Frau Bär hat Herrn Hirsch geheiratet, weil er so ein schönes Geweih hat und so herrliche Sprünge machen kann. Herr Hirsch hat Frau Bär geheiratet, weil sie so ein kuscheliges Fell hat und eine Höhle so warm und gemütlich machen kann.

Frau Bär und Herr Hirsch sind sehr verschieden. Das merken sie aber erst, nachdem sie geheiratet haben und nun alles und jedes zusammen machen sollen.

„Ach, wärst du doch ein Bär", sagt Frau Bär. „Dann würdest du nicht immer draußen rumstreunen. Kannst du nicht einmal gemütlich zu Hause bleiben?"

„Ach, wärst du doch eine Hirschkuh", sagt Herr Hirsch. „Dann würdest du nicht immer nur vor der langweiligen Höhle hocken. Kannst du nicht mal ein wenig abnehmen und mit mir zum Hirschrennen gehen?"

„Ich muß ja deine Kinder hüten", sagt Frau Bär. „Während du dich nur amüsierst." Frau Bär ist wütend, knurrt, kratzt und beißt.

„Du liebst mich eben nicht mehr. Gönnst mir rein gar nichts", sagt Herr Hirsch, ist beleidigt und knallt die Höhlentür hinter sich zu.

Bärhirsch und Hirschbär sehen mit großen Augen zu. Wer mag recht haben? Sie wissen es nicht. Sie sammeln Honigwaben für Mutter Bär und frische Eichenblätter für Vater Hirsch. Sie rennen von einem zum anderen, um Hirsch und Bär wieder miteinander zu versöhnen.

Aber sie können es nicht. Vater Hirsch stampft mit den Hufen auf:

„Ich werde jetzt im Wald wohnen", schreit er und packt seine Sachen.

„Dann ziehe ich eben wieder in die Berge", schluchzt Mutter Bär und weint sieben Kopfkissen voll.

„Papa ist gemein", sagt Bärhirsch.

„Mama ist blöd", sagt Hirschbär.

„Wahrscheinlich lieben sie uns jetzt nicht mehr."

Herr Hirsch packt seine Sachen.

„Wo ist mein Hirschhorn?" trompetet er.

Frau Bär packt ihre Sachen.

„Faß ja meinen Honigtopf nicht an", faucht sie.

Haben sie ganz vergessen, daß sie Kinder haben?

Bärhirsch wirft den Milchtopf um. Der ganze Moosteppich ist verdorben. Hirschbär fällt vom Schrank und bricht sich ein Geweih ab.

„Was soll denn das?" schreit Herr Hirsch und läßt seinen Rucksack fallen.

„Müßt ihr jetzt auch noch anfangen zu spinnen?"

Bärhirsch und Hirschbär weinen.

„Wo sollen wir denn jetzt wohnen?" jammern sie.

„Wen sollen wir denn jetzt lieb haben?"

„Wer wird uns füttern?"

„Wer wird uns das Rennen beibringen?"

„Wer wird uns wärmen?"

„Wer wird die Weihnachtskrippe schmücken?"

„Und wer mit uns zum Osterhasen gehen?"

Bärhirsch und Hirschbär hocken da wie ein Häuflein Elend.

Vater Hirsch und Mutter Bär sind ganz stumm geworden. Sie sehen sich an.

„Vertragt ihr euch jetzt wieder?" fragt Bärhirsch. Hirschbär schaut erwartungsvoll.

Mutter Bär setzt die Kinder ins Moosbett.

Vater Hirsch gibt ihnen Kastanienfutter.

„Wartet hier", sagt er. „Wir müssen uns Rat holen."

„Wir kommen gleich wieder", sagt Mutter Bär und gibt ihnen einen Kuß.

Vater Hirsch und Mutter Bär gehen zur weisen Eule.

„Das mit der Heirat war wohl nichts", sagt sie. „Aber seht nur, was für schöne und einzigartige Kinder ihr habt. Das habt ihr fein gemacht. Ich glaube nicht, daß es hier im Wald noch einmal so schöne Kinder gibt."

„Ich mag Bär nicht mehr", sagt Herr Hirsch. „Aber Bärhirsch und Hirschbär werde ich immer lieben."

„Ich kann Hirsch überhaupt nicht mehr leiden", sagt Frau Bär. „Aber Hirschbär und Bärhirsch werde ich immer lieben."

Da fragt die weise Eule, was Vater Hirsch und Mutter Bär für ihre Kinder tun wollen. Sie machen einen schönen Plan.

Den Plan erzählen sie dann Bärhirsch und Hirschbär, damit die keine Angst mehr zu haben brauchen. Bärhirsch und Hirschbär sind froh, denn es ist für Tierjunge viel zu schwer, selbst einen Plan zu machen. Alle Tiere im Wald helfen Mutter Bär und Vater Hirsch, sich ein neues Zuhause zu bauen.

Jetzt wohnt Mutter Bär im Herbst und Winter mit Bärhirsch und Hirschbär in einer hübschen kleinen Berghöhle.

Wenn es Sommer wird, kommt Vater Hirsch und holt die Kinder in den weiten grünen Wald. Dort haben sie Ferien unter einer großen Buche.

Mutter Bär kann dann mal faul in der Sonne liegen oder mit ihren Freundinnen Beeren für den Winter sammeln.

Hirschbär und Bärhirsch geht es gut. Sie haben einen frohen und friedlichen Vater und eine freundliche, zufriedene Mutter. Und damit haben sie mehr als viele andere Kinder im Wald.

Das Himmelbett der Brautjungfer

Susi hatte so lange geheult, bis man ihr erlaubt hatte, die Schleppe zu tragen. Diese Prozedur war mit einigen Schwierigkeiten verbunden gewesen und hatte sich bis einen Tag vor der Hochzeit hingezogen. Denn erstens wollte Claudia gar keinen Schleier; und zweitens fand Papa, daß Susi nicht mit vor den Altar sollte: „Denn das gibt zu viel Unruhe."

Nun hatte Claudia sich am letzten Tag doch noch einen schönen langen Schleier gekauft, und Papa hatte entnervt kleinbei gegeben, Susi also wieder einmal gesiegt.

„Ich weiß nicht, ob das so günstig ist", hatte Oma gemurmelt. Aber das war im allgemeinen Trubel von niemandem beachtet worden.

Susi, jedenfalls, war selig. Sie liebte Hochzeiten und Schleier über alles, auch Blumenkränze und Musik und Kirche. „Da will ich doch nicht bei unserer eigenen Hochzeit drauf verzichten!" hatte sie gerufen. Sie selbst hatte ein Kleid bekommen, das weiß mit rosa Röschen war und gut zu ihren rosa Schuhen paßte. Oma machte ihr eine Affenschaukelfrisur und zeigte ihr, wie man die Schleppe hält. Und dann ging es los.

Rechts und links in der Kirche saßen schon die Gäste, als Papa und Claudia den Mittelgang entlangschritten, gefolgt von der kleinen Schleppenträgerin, die eifrig versuchte, Schritt zu halten. Die Orgel spielte, die Kerzen brannten, Tante Hedwig schluchzte vor Rührung.

„Du siehst zauberhaft aus", flüsterte Papa gerade seiner Braut ins Ohr. Da entrang sich dieser ein gellender Schrei. Sie ließ den Brautstrauß fallen und griff sich an den Kopf. Die Orgel verstummte, und der Organist schaute über die Brüstung nach unten.

Was war geschehen?

Susi war einen Moment stehengeblieben, um Onkel Paul etwas zuzuflüstern. Aber Claudia war weitergegangen. Und so wurde ihr der Schleier samt Blumenkranz und eingestecktem Lockenteil vom Kopf gerissen.

„Da haben wir's!" rief Papa böse. „Aber auf mich hört ja keiner."

Susi fing sofort an, laut zu heulen und in den Schleier zu schluchzen. Claudia stand wie versteinert.

Da erhob sich ein junger Mann in der ersten Reihe. Er war nicht ganz so groß wie die Erwachsenen, sah aber schon so aus wie einer. Lächelnd ging er auf die Braut zu, wuschelte ihre Frisur zurecht, nahm eine Rose aus ihrem Strauß, steckte sie ihr hinter Ohr und schob sie in Richtung Altar. Dann wickelte er den Schleier zusammen, bis er bei Susi angekommen war, verbeugte sich und sagte höflich:

„Fräulein Susanne, darf ich bitten?"

Völlig verdutzt hörte Susi auf zu heulen und nahm den Arm des jungen Mannes. Sie gingen zusammen nach vorne und setzten sich in die erste Reihe. Die Orgel spielte wieder, und der Schleier mit Kranz und Lockenteil blieb auf Onkel Pauls Schoß liegen.

Da die Braut ja ohnehin ohne Schleier hatte heiraten wollen und mit der Rose hinterm Ohr und ein wenig zerzaust auch

141

ganz reizend aussah, konnte die Hochzeitsfeier nun ohne weitere Komplikationen fortgesetzt werden. Susi hatte die ganze Zeit mehr Augen für ihren feschen Nebensitzer als für das Brautpaar und vergaß ihr Unglück.

Auf dem Weg nach Hause stellte sich heraus, daß der junge Mann der Bruder der Braut war. Er hieß Stef und hatte seiner Schwester schon oft aus der Patsche geholfen.

„Du bist fünf, und ich bin fünfzehn. Das paßt gut zusammen", sagte er zu Susi und tanzte sogar mit ihr. Susi war mächtig stolz und fand es schade, daß Stef nicht immer bei ihnen wohnen wollte. „Wo wir doch jetzt ganz plötzlich und ganz richtig verwandt sind!"

Dann war die schöne Hochzeit vorbei, und das neue Paar ging auf Hochzeitsreise. Das war nicht weiter schlimm für Susi, denn ihr Papa mußte auch sonst oft verreisen. Sie blieb dann immer bei Oma.

Es wurde erst schwierig, als die beiden zurückkamen. Susi hatte nämlich die Angewohnheit, nachts oft im Halbschlaf in Papas Zimmer zu tapsen und sich in sein Bett zu kuscheln. Jetzt lag Claudia auch in dem Bett und fand es nicht so toll, wenn Susi sie energisch zu Seite schubste. Papa schlief so fest, daß er davon selten etwas merkte.

Einige Nächte ließ Claudia sich das gefallen, denn sie dachte, daß Susi ja auch Zeit brauchte, um sich an die neue Situation zu gewöhnen. Aber dann wurde es ihr doch zu bunt. Als Susi wieder angeschlichen kam, schnappte sie sich den kleinen Nachtschwärmer und trug ihn einfach zurück ins Kinderzimmer. Susi wurde hellwach und wollte natürlich gleich wieder anfangen, laut zu weinen. Aber Claudia sagte energisch:

„Still bist du, und hörst mir erst mal zu. Du denkst vielleicht, es ist ein Problem, daß wir beide den gleichen Mann lieben, aber das muß es nicht sein. Ich bin seine Frau, und du bist seine Tochter. Guck mal, unser Haus ist wie eine Puppenstube." Claudia setzte sich vor Susis Puppenhaus:

„Hier ist das Elternschlafzimmer. Da liegen bei dir Vaterpuppe und Mutterpuppe drin. Und hier ist das Kinderzimmer. Da liegt die Kindpuppe im Bett."

„Sie heißt Felizitas", sagte Susi und dachte nicht mehr ans Heulen.

„Und es wäre doch komisch, wenn Felizitas im Elternbett läge und die Mutterpuppe sich in dem kleinen Kinderbett kringeln müßte. So gehört sich das doch nicht, oder?"

„Ne, verbieg sie doch nicht so!" sagte Susi. Sie nahm Claudia die Mutterpuppe weg und bog ihre Beine wieder gerade. Dann legte sie sie ins Elternbett zurück. „Felizitas will selber in ihrem schönen Himmelbett schlafen."

„Ja", sagte Claudia. „Es muß alles seine Ordnung haben. Diejenige, die gerade die Mutter spielt, muß im Elternbett schlafen. Und die Kindpuppe braucht ein schönes Himmelbett im Kinderzimmer."

Auf einmal lachte Susi spitzbübisch und sagte: „Wenn das Papa wüßte, daß wir mitten in der Nacht Puppenstube spielen!"

„Pscht", machte Claudia. „Wir gehen jetzt ja auch gleich wieder ins Bett. Soll ich dir noch dein Plumeau festklopfen?"

Susi fand das schön, wie Claudia ihr das Plumeau festklopfte. Während sie schon die Augen zumachte, hatte sie eine vage Erinnerung an eine ganz, ganz ferne Zeit, als eine andere Mutterhand sie zugedeckt hatte. Beruhigt schlief sie ein.

Am nächsten Tag war Sonntag. Alle saßen gemütlich beim Frühstück. Da sagte Susi:

„Du Papa, Claudia sagt, ich *brauche* ein neues Bett, ein Himmelbett im meinem Kinderzimmer."

„Was?" Claudia sah erstaunt auf. „Wann soll ich denn das gesagt haben?"

„Pscht", machte Susi und sah sie bedeutungsvoll an.

Da lachte Claudia, denn ihr fiel das nächtliche Puppenspiel wieder ein.

„Ja, doch", sagte sie. „Ein Himmelbett muß her."

„Ist Susi dafür nicht schon ein bißchen zu alt?" fragte Papa, eigentlich nur, um etwas zu sagen, denn er hatte längst gemerkt, daß sich da zwei Frauen sehr gut verstanden.

„Es gibt doch diese wunderschönen Moskitonetze. Oder die Vorhänge mit Sonne, Mond und Sternen", sagte Claudia.

„Ja, oder mit Wölkchen", fiel Susi ein.

„Da wäre ja auch noch der Hochzeitsschleier, seligen Andenkens", sagte Papa. Alle mußten lachen, redeten durcheinander, und Susi fiel ein, daß es doch an der Zeit sei, Stef mal wieder einzuladen.

„Ist das nu' eigentlich mein Onkel oder mein Vetter?" fragte sie und merkte, daß es sehr schön war, neue Verwandte zu haben.